Ernst Elias Niebergall

Datterich

Localposse in der Mundart der Darmstädter
in sechs Bildern

(Großdruck)

Ernst Elias Niebergall: Datterich. Localposse in der Mundart der Darmstädter in sechs Bildern (Großdruck)

Erstdruck: Darmstadt (Pabst), 1841. Erste nachweisbare Aufführung 1862 durch Laien, Darmstadt.

Neuausgabe mit einer Biographie des Autors
Herausgegeben von Theodor Borken
Berlin 2020

Der Text dieser Ausgabe folgt:
Ernst Elias Niebergall: Datterich. Herausgegeben von Volker Klotz, Berlin: Walter de Gruyter & Co., 1963.

Umschlaggestaltung von Thomas Schultz-Overhage unter Verwendung des Bildes: Adriaen Brouwer, Bauern im Gasthaus, 1625

Gesetzt aus der Minion Pro, 16 pt, in lesefreundlichem Großdruck

ISBN 978-3-8478-4467-9

Die Deutsche Nationalbibliothek verzeichnet diese Publikation in der Deutschen Nationalbibliografie; detaillierte bibliografische Daten sind im Internet über www.dnb.de abrufbar.

Henricus Edition Deutsche Klassik UG (haftungsbeschränkt), Berlin
Herstellung: BoD – Books on Demand, Norderstedt

Personen

Datterich, Particulier.

Bennelbächer,
Spirwes,
Knerz, seine Freunde.

Dummbach, Drehermeister.

Babette, seine Frau.

Marie, seine Tochter.

Schmitt, Drehergeselle.

Steifschächter, Schneidermeister.

Bengler, Schuhmachermeister.

Fritz Knippelius, Metzgermeister.

Evchen, Mariens Freundin.

Lisette, Kellnermädchen.

Polizeidiener.

Zwei Musikanten.

Einige Handlanger.

Ein Wirthsjunge.

Ein kleiner Junge.

Erstes Bild

Erste Scene

Morgens. Wirthsstube. Datterich, Knerz, Bennelbächer und Spirwes spielen im Vordergrund Solo. Lisette ist im Hintergrund mit Aufräumen etc. beschäftigt.

DATTERICH *resignirt.* Mer sinn geschwolle, Freindche.

BENNELBÄCHER. Ich kumm heit uf kahn grihne Ast. Wann Sie die Spitz zu dritt gehatt hette –

DATTERICH. Ja, wann is kah Keeskorb.

SPIRWES. Geld will ich sähe, meine Herrn. Des leer Stroh dräsche duschur bin ich dick. *Zu Datterich.* Von Ihne krie ich jetz zwelf Kreizer, soviel mache grood mei zwah halwe Schoppe.

DATTERICH. Glei, Freindche. – Lisettche!

LISETTE. Was steht zu Dienste?

DATTERICH. Kenne-Se mer en breißische Dahler wächsele?

LISETTE. Warum dann net?

DATTERICH. Schee von Ihne. Des wollt ich nor wisse – gehn-Se nor widder; – ich wollt nor emol Ihne ihrn gute Wille sähe.

LISETTE *kehrt ihm ärgerlich den Rücken, für sich.* Der Siwwesortelumb braucht ahm aach noch zu foppe!

SPIRWES. Ich kann Ihne aach wächsele, gäwwe-Se nor her.

DATTERICH. Losse-Se nor, die muß als e Bisje geuhzt wern. *Er rasselt in der Tasche.*

KNERZ *zu Bennelbächer.* Wos Schlissel!

DATTERICH *zu Spirwes.* Valihrn-Se nor die Fiduz net: Sie krijje hernach Ihne ihr Geld. Awwer jetz: kabutt odder en Ranze! Solo!

BENNELBÄCHER. Wie schreibt er sich?

4

DATTERICH. Schippebihk!

SPIRWES. Der wackelt aach.

DATTERICH. E Eselsohr wackelt aach, will ich Ihne sage, un browirn-Se's emal und roppe-Se sich's aus. Eraus mit de wilde Katze!

KNERZ. Was spielt mer dann do am Beste?

DATTERICH. Nor eraus! E Katt odder e Scheit Holz! Komme-Se, wie-Se wolle!

KNERZ. Kreiz Aß!

DATTERICH. Des hat kahn Vadda. Un jetz! Gewwe- Se Owacht, meine Herrn! Von oben herab, sprach Bonabatt! Drumb, Drumb, Drumb! un do is noch e ganzer Hut voll Drimb! Gan-jeh! Vier Madador un die Bremjeh! Geriwwelt! Drei Batze à Person! Kitt, Herr Spirwes! Lisettche, noch e halb Scheppche!

SPIRWES. Sie howwe aach mehr Glick, als –

DATTERICH. No? als –?

SPIRWES. Als wie gewehnlich.

BENNELBÄCHER *sieht auf die Uhr.* Glei zwelf nooch dem Glockespiel. Die Frah werd mi'm Esse worde: es ist Zeit, daß mer in de Schoos seiner Famillje zurickkehrt.

DATTERICH. Bleiwe-Se da un esse-Se im Werthshaus, do werd Ihne ihr Dahl in der Haushaltung gespart. Herzsolo!

KNERZ *will aufstehen.* Ich glaab, ich bin äwe geruffe worn.

DATTERICH. Bleiwe-Se nor, Ihne ihr Gägewatt is hier nothwen-niger. Da gucke-Se her – ich will-en auflehje – siwwe Drimb, meine Herrn, riwwele-Se gefelligst – vier Knepp à Person. Lisett-che, e halb Portion kalde Hammelsbrade un noch e halb Scheppche! – hier lijje achtzeh Kreizer.

BENNELBÄCHER. Sie kenne nix Besseres duh, als spiele; Sie va-diene sich Ihne ihr Läbsucht.

DATTERICH. Ach, Freindche, des Glick is gor verennerlich. Wer zuerscht gewann, werd zuletzt e Bettelmann. Was bin ich erscht gästert geschleimt worn!

LISETTE *bringt das Verlangte.* Wo hawwe-Se dann des Geld?

DATTERICH. So is Recht, Sie kleine Unschuldslose! Des haw-ich gern, wann's in der Werthschaft pinktlich hergeht – da gedrunke und da des Geld: hier! *Indem er sich über den Braten hermacht.* Lasse- Se sich net stehrn, meine Freinde, des Spiel erleid't kah Stehrung dorch mei Esse; des geht bei mir all wie e Uhrwerk. *Sie spielen weiter. Ein kleiner Junge kommt schüchtern herbei und zupft Bennelbächern am Arme.*

JUNGE. Vaddache, du sollst doch hahm kumme, hot die Mudda gesogt, des Esse deht ganz kalt wern.

BENNELBÄCHER. Do braucht-ersch aach net zu bloose. Herr Knerz, hawwe-Se äwe noch Drumb bekennt?

KNERZ. Nah, mir sinn mei poor Wermercher abgenumme worn.

DATTERICH *zu dem Jungen.* Siehst-de net, daß die Menschheit Katt spielt? Sag deiner Frah Mudda, dei Vadda deht sparn, er deht heit nix esse.

BENNELBÄCHER. Da, Pederche, do host-de en neie Kreizer, mach-der en gute Daak un soog daham iwwer die Mudda, ihr sollt nor als eweil esse, hett ich gesagt, du wehrscht mer am Mack begäjent – hehrsch-de, am Mack – ich hätt noch en bressante Gang. *Der Junge ab.*

DATTERICH. Der Bub werd gut.

BENNELBÄCHER. Wann ich Ihne en Roth gewwe soll, meine Herrn: – heirothe-Se net! Sie sähe, wie's geht. Geht mer aus, do brummt die Frah, kimmt mer widder, do werd aach ge-brummt; bleibt mer daham, do hot mer des Gebrumm von der Frah und des Gemaunz von dem klahne Gezäwwel de ganze Daak um sich erum: dann wann aach noch so e Raß Kinner ohmaschirt kummt, wie die Orjelpeife, do is der Deiwel ganz los. Des Ah' braucht des, des Anner des, des Ah' will e Klahd, des Anner will Schuh, des Anner will Bücher, des Anner will Schulgeld – es deht Noth, mer deht sein Rock ausziehe: do hobt-er'n, dahlt eich! Zickt mer die Haut iwwer'm Kopp zamme!

DATTERICH. Des is aach bleeslich der Grund, warum ich net heirath. Wer heidiges Daa'gs ehrlich und geacht dorch die Welt komme will, der hat iwwerrensig mit sich zu schaffe.

Zweite Scene

Mehrere Handlanger setzen sich an einen Tisch, links im Vordergrund. Datterich u.s.w. spielen fort.

ERSTER HANDLANGER *zu Lisetten.* Gäwwe-Se uns emol e Vertelche.

LISETTE. Mir verzappe kahn Schnaps.

ERSTER HANDLANGER. Net? *Sieht seinen Kamaraden an. Zu Lisetten.* No, wos howwe-Se dann?

LISETTE. Nix als Wei.

ERSTER HANDLANGER. Als en Schoppe herwachse lasse, ahn for acht Kreizer.

LISETTE. Unsa Geringsta is zu zwelf.

ERSTER HANDLANGER. No, wann's net annerschter is, do hole-Se ahn.

ZWEITER HANDLANGER *heimlich zu den Andern.* Gell, ich hob's eich gedermt? Wehrt-er mit in's Betze gange, do hette mer dem Scheppe do sein Geburtsdook äwe so gut feiern kenne: jetz kannst- de bleche, Hannes.

ERSTER HANDLANGER. Ich wern mich doch, hol mich der Deiwel, net lumbe losse solle? Mammesell, wos kann mer dann zu esse krijje?

LISETTE. Ich will Ihne die Speiskatt bringe.

DRITTER HANDLANGER *zum ersten.* Du werscht die Krenk krijje!

ERSTER HANDLANGER *liest halblaut die Speiskarte.* Sponsau – Hahne – Be-af-steek – wos Deiwel is dann des, des laut jo wie e eigebahzt Kellerdihr – Haas – Gans – do mach ich mer all nix draus. Howwe-Se gute Hankees? bringe-Se Jedwedem ahn. – Brod brauche-Se kahns dabei. *Er schenkt ein.* Alleh, jetz singe mer ahns.

ZWEITER HANDLANGER. Do duhn mer owwer Die dort in ihrm Spiel stehrn.

ERSTER HANDLANGER. Des leit mer näwe enanner: mir vazehrn unser Geld grood so gut wie die. Alleh! *Sie singen.*

> Lustig ihr Brihda,
> Lustig, wos Dammstädta seyn!
> Setzer eich nieda,
> Trinkt ein Glas Wein!

Sie stutzen.

KNERZ *sieht grimmig herüber.* Wann die Kerl nor all Klees im Hals hette mit ihrm Gebrill!

DATTERICH. Des wehr-en wahß Gott kah Bosse.

ERSTER HANDLANGER. Kennt-er aach Bertrams Abschied? *Singt.*

> Leb wohl, du deires Land, was mich geboren –
> Ihr habt owwer aach werlich nor Stimme zum Keesfresse.

Singt.

> Ich wor in Rom un Glickstadt sein Gefährte,
> Drum will ich's nun in Ulrichstein ihm sein.

DATTERICH. Der Stich is mei, – ich haw-en gedrumbt!

BENNELBÄCHER. Langsam, erlauwe-Se: Sie howwe vohrt kahn Drumb mehr bekennt. Ihne ihr Spiel is drunne.

DATTERICH. Mei vadammte korze Aage – ich hatt's for Kreiz gehalte.

KNERZ. Wie mer sich ehrlich dorch die Welt schafft, net wohr, Herr Datterich?

DATTERICH. Gott behiht, Freindche, uf Ehr, des war mei Absicht net. Ich will net hawwe, was recht is, des wisse-Se.

ERSTER HANDLANGER. Awwer etzt ufgemuckst – jetz kimmt des Schenst: des how-ich uf der Spachbricker Kerb zum erschte Mol singe hehrn. *Singt.*

Ridda, dreie Schwestaliebe, Schwestaliebe,
Widmet eich dies Herz, juchhe!
Widmet eich dies Herz.
Fodert keine andre Liebe, andre Liebe,
Denn es macht mir Schmerz, juchhe!
Denn es macht mir Schmerz.

DATTERICH. Gott, wos gehn die Limmel mit dem scheene Gedicht um! So ebbes sollt mer vabiete: kah Orjelmann un so Mensche derfte mer dem Schiller odder sonst Ahm von unsere Dichter sei Lieder errunner dudele, sonst deht ich-en de Takt dazu uf dem Buckel kloppe losse.

BENNELBÄCHER. Mir zu Gefalle derfte-se singe, wos-se wolle, nor sollte-se unser Spiel in Ruh losse.

DATTERICH. Jetz sinn-en Gottlob die Meiler gestoppt; sie fresse Hankees, daß-en der Stab zum Hals eraus kimmt.

BENNELBÄCHER. Iwwrigens spiel ich jetz net mehr. Mei Frah springt mer an de Kopp, wann ich noch lenger ausbleib. Lisettche, wos how-ich vadient?

LISETTE. Sechs halwe Schoppe – des macht sechs un dreißig, e Breedche – zusamme siwwen-un dreißig.

BENNELBÄCHER. Do hett ich mei Haushaldung zwah Daag mit fihrn kenne. Adjes, meine Herrn, en vagnihgte Nochmiddag!

DATTERICH. Komme-Se nach Drahse?

BENNELBÄCHER. Ehr wie net. *Ab.*

ERSTER HANDLANGER. Wos sinn mer schullig, Mammesell?

LISETTE. Drei Kees un en Schoppe Wei – achtzeh.

ERSTER HANDLANGER. Hier. *Zu den Andern, welche ebenfalls Miene machen, zu bezahlen.* Ihr laßt eier Geld im Sark – heit loß ich kahn bezohle. *Die drei Handlanger ab.*

Dritte Scene

Datterich, Spirwes, Knerz, Lisette.

DATTERICH. Des is kah Wunner, Lisettche, wann die Werth reiche Leit gewwe un sich Schehs un Pährd halte kenne. Wann mer nor ahnimmt, was Die da in dähre korze Zeit vazehrt hawwe.

SPIRWES. Der is gewiß uf en Schaltdaak geborn, daß sei Geburts-dook blos alle vier Jahr fellt, weil er'n so schblendid gefeiert hot.

KNERZ. Gehn-Se mit?

SPIRWES. Rechtschaffe. *Sie bezahlen und gehen ab.*

DATTERICH *ruft ihnen nach.* Serwidehr, meine Herrn, in Drahse heit Middag! *Zu Lisetten, indem er sich vor sie setzt.* No, wos fang *ich* ah, Lisettche, Deibche, Engelche, Herzgeboppeltes: all mei Freind lasse mich im Stich, awwer ich: – ich kann mich net von Ihne trenne. Gäwwe-Se mer noch en halbe Schoppe Rohde. *Sie bringt ihn und bleibt erwartungsvoll stehen.*

DATTERICH *breitet die Arme gegen sie aus und singt.*

Versage, holder Engel,
Mir nicht den süßen Gruß,

Und fehlen mir die Gelder,
Bezahlet dich ein Kuß!

LISETTE *lacht.* Gott soll mich bewahrn un behihte! Da kehm ich schee ah, Sie dehte in lauter Kiß bezahle, bis der Keller leer wehr. Ich krie zwelf Kreizer.

DATTERICH. Holde Jungfrau, Frühlingsreesche, ich bin-der Ihne so blott wie e Kerchemaus. *Will einschenken.*

LISETTE *reißt ihm die Bouteille aus der Hand.* So fett speise mer net, hehrn-Se! Wann-Se net bezahle, da werd nix vabummt.

DATTERICH *sucht in den Taschen.* Sie sinn e kestlich Mädche. Da hawwe-Se sechs Kreizer uf Abschlag, die Kerl hawwe mer vohrt, Gott soll's wisse, iwwer finf Gulde abgenomme.

LISETTE. Aach noch hannele? Misse-Se rohde Wei trinke, wann Se's net vastehn? *Trägt den Wein weg.*

DATTERICH. Grausamkeit, dei Name is Lisettche! Awwer ich vazeih Ihne – en halwe zu sechs!

Vierte Scene

Datterich, Schmidt setzt sich an einen andern Tisch und Lisette.

DATTERICH *für sich.* Den kennt mer vielleicht melke, er hot so en gutmihdige Zug um die Noos erum. Lasse-Se emol des, Lisettche, ich will noch e Bisje pausirn. *Zu Schmidt.* Wolle-Se sich net liewer daher setze? Sie hawwe hier e besser Aussicht un kenne die Soldate vabeimaschirn sähe.

SCHMIDT. Wann Se's erlauwe, da bin ich so frei.

DATTERICH. Sie hawwe mer so e bekannt Physionomie, ich mahn, ich mißt Ihne kenne. Sinn-Se net, um Vergebung, der Herr Assesser Ranft?

SCHMIDT. Sie vazeihe, ich haaß Schmidt un bin meiner Brofession e Dreher.

DATTERICH. Ach, alleweil kenn ich Ihne! Was haw-ich erscht Ihne ihrn Herr Vadda so gut gekennt! Mer worn Dutzfreind. Er is doch recht gesund?

SCHMIDT. Vazeihe-Se, de Michelsdaak worn's siwwe Johr, daß er doht is.

DATTERICH. Mei schwernoths korz Gedächtniß: Ich war ja mit bei der Leich. Ja, so lahd hot mer noch Kahner gedah. – Also Dreher sinn Se? Dazu braucht mer alleweil gescheite Leit: Sie scheine mer aach ganz des Schenie dazu zu hawwe, Sie hawwe so geistmäßige Aage.

SCHMIDT. Mache-Se mich net schaamrethlich.

DATTERICH. Die Wahrheit zu redde, liebes Freindche, des ziert de Mann: ich bin so e deutscher Michel und sag's grad, wie mer'sch um's Herz is. Gut deitsch odder an Galje! Es freit mich werklich ausnehmend, so en liewenswerdige junge Mensche kenne zu lerne. Wie schmeckt Ihne der Wei?

SCHMIDT. Ach, er is net iwwel, soviel ich davoh vasteh – ich komm selte in's Werthshaus.

DATTERICH. Erlauwe-Se! *Versucht ihn.* Der is werlich recht gut – ich hatt da vorhin so en beese Rambaß. Lisettche, e Glas! *Zu Schmidt.* Nachher geb *ich* en Schoppe; ich wollt eigentlich fortgeh, awwer Ihne zu Gefalle will ich noch dableiwe.

SCHMIDT. Sehr schmeichelhaft.

DATTERICH. Also solid sinn-Se aach, komme net oft in die Werthsheiser – des gefellt mer ausnehmend, un seyn-Se iwwerzeigt, wo ich Ihne helfe kann, duh ich's: dann – *Geheimnißvoll.* wie-Se mich da sehje, mei Stimm gilt ebbes an alle Kollege.

SCHMIDT *schüchtern.* Derft ich Ihne froge, mit wem ich die Ehr –

DATTERICH *wichtig.* Mei Name is Datterich. Gäjewertig bin ich ohne Amt – *Hochtrabend.* früher bekleidete ich eine Stelle im Finanzwesen – ich hab se niddergelehkt, dann Sie misse wisse – *Geheimnißvoll.* ich hatt en Große zum Feind – mei Verdienste um des Finanzielle sinn vakennt worn. Ich wollt beferdert sey – nix da! Da hobt-er aach Deß, haw-ich gesagt *Mit einer Bewegung, als würfe er etwas hin.* un hab mich in's bescheidene Brivatläwe zurickgezoge.

SCHMIDT. Ich wohlt, Sie hette des Amt noch, do kennte-Se villeicht mache, daß mich die Dammstädter als Mahster recebirn dehte.

DATTERICH. Lasse-Se mich gewährn. Ich sag's Ihne im Vadraue – es dauert kah halb Johr, do haaßt's: der Datterich is widder abgestellt, un Selwiger is ab, un dann wer ich mich an Ihne erinnern: Sie sinn Drehermeister in Dammstadt! *Trinkt.*

SCHMIDT. Sie sinn sehr gihtig. Mammesell, noch e Budell!

DATTERICH. Des reimt sich. Nemme-Se rohde, der is hier vorziglich.

SCHMIDT *zu Lisetten.* Bringe-Se uns rohde! *Zu Datterich.* Enschullige-Se mei Freiheit, awwer es deht mer werlich nethig – ich bin jetz soweit in der Reih, awwer ich derf als noch net mei eige Werkstatt ufschlage: ich bin e Bessunger, un die Dammstädter wolle mich net ufnemme.

DATTERICH. Nor Geduld! *Scherzhaft drohend.* Hawwe-Se sich schon so was ohgeschafft? Es is net gut, daß der Mensch allein sei; ich geb Ihne Beifall. Sie hawwe also schon so e lieb Mädche, wo uf Ihne baßt?

SCHMIDT. Ach – ja – so – net grood –

DATTERICH. In eme halbe Johr sinn-Se Mann und Frah. Ich laad mich eweil uf die Hochzeit ei. *Stutzt mit ihm an.* Uf die Brautleit! Sähe-Se, Freindche, ich bin der greeßt Freind vom Ehstand – un doch bin ich leddig.

SCHMIDT. Korjos! Un wie is des zugange?

DATTERICH. Des will ich Ihne sage. Auch ich war in Akadien geboren, sehgt Schiller; ich wor aach emol jung, un wann ich aach net Ihne ihr ohgenehmes Eissere hatt, so hatte mich doch die Mäderger gern. Gewwe-Se Acht – ich erzehl's net gern, dann es is e drauerig Geschicht – awwer weil Sie's sinn – es wahß-es sonst kah Seel – Ihne will ich's bei ere Flasch Rohde verdraue.

SCHMIDT *geschmeichelt*. Mammsellche, e Flasch Rohde.

DATTERICH. Asmannsheiser! Also gut, ich fang der Ihne e Bekanntschaft mit eme Mädche oh – e wahrer Engel, e Staatsmädche war'sch: gescheit, brav, schee, heislich, korz Alles wor se. Es wor so weit gut, unner uns wor Alles richtig – do kimmt ihr Vadda – des wor Ahner von dene Hochgestoche ne – un sehkt: Nein! – Ich leid's net, sehkt-er. Mei Luwische erzehlt mer des un die helle Drehne sinn er die Backe erunner gelaafe.

SCHMIDT. Des ohrm Mädche!

DATTERICH. Ja wohl, des ohrm Mädche! En Baron solltse heirahde. Sie kenne sich en Begriff von meiner Lag mache; awwer ich wor korz resolvirt. Des Läwen ist der Gihder hechstes nicht, haw-ich zu mer selbst gesagt, zieh mei schwatze Klahder ah un begeb mich in dem Baron sei Loschement: er hot owwe enuf im Drauwe loschirt.

LISETTE *für sich*. Der lickt widder, daß die Balke krache.

SCHMIDT. Vagesse-Se des Drinke net. *Sie stutzen.*

DATTERICH. Wie ich hihkam, sitzt er in seim blimmige Schloofrock uf seim Kanebee und lutscht Kaffee. Ich guck der'n Ihne oh: es wor e widderwertiger Mensch, un so derr, daß er e Gaas zwische die Herner hett kisse kenne. »Wer sind Sie?« frehkt er mich. Jetzt konnt ich awwer mein innerliche Gram net mehr zurickhalte. »Ich schreib mich Datterich un verlang Rechenschaft von Ihne iwwer mei gestehrt Läwensglick!« haw-ich gesagt un haw-en mit eine dorchbohrende Blick ohgeguckt. *Er springt im Affect auf.* Mei Herr Baron hot e Gesicht gemacht, so lang! »Was scheer ich mich um Ihne ihr Läwensglick,« sehkt er iwwer e Weilche un steit uf. »Awwer ich scheer mich drum, Sie Donnerwedda!« kreisch ich un sterz uf en zu, da hot er awwer schon die Klingel gehatt und hot droh gerissen daß die Kordel abgeplatzt is. Des war sei Glick. »Ich will Ihne nix Beeses winsche,« sagt' ich, »awwer des Gewidda muß Ihne uf de Kopp fahrn!« Ich geh fort – uf der Drepp sinn mer vier Bediente begäjent un sinn all zurückgehuft, so schreckhaft haw-ich ausgesähe.

SCHMIDT. Des haaßt mer Korahsch.

DATTERICH. Ja, die besitz ich in eme hohe Grad. Gewwe-Se nor Acht, wie's weiter geht. Ich schick der Ihne en gute Freind noch deselwige Daag in mein Drauwe und laß meim Bareenche sage, es sollt de dritte Daag an die Balleseich komme – dort wollte mer uns dreffe. Ich schieß-der Ihne nu, wie der Deiwel, misse-Se wisse; ich schieß-der Ihne e nassauisch Sechskreizerstick uf sechzig Gäng aus dem Maul, ohne daß ich Ihne de Mund verletz, wann's nor soviel erausguckt – nächstens wolle mer die Brohb mache.

SCHMIDT. Ich bin's aach so iwwerzeigt.

DATTERICH. Also haw-ich mich vor meim Mann net gefercht. Der Daag kam; – er denkt mer mei Lebdaag: – es war grad Freidaag un die Judde hatte Lawerhitte: – un richtig, mei Baron kimmt ohgestoche mit noch eme Annere in Unneform.

SCHMIDT. No?

DATTERICH *langsam, stößt sein Glas kräftig auf.* Mer schieße uns! Er hatt de erschte Schuß. Batsch- dich peift mer sei Kuchel am Backebort vabei. Der Kerl macht kahn Spaß, dacht' ich bei mer selbst, du willst-em uf de Belz brenne, daß de'n los bist. Ich leg der Ihne oh. –

SCHMIDT. Dem mog des Herz gekloppt howwe!

DATTERICH. Ob's em gekloppt hot! Mei Bareenche macht sich-der ganz klah, un so schmaal, so schmaal, er wehr Ihne dorch e Stoppnadelsohr gange. – Jetz how-ich en uf dem Korn – er wor valohrn – sei Gesicht wor wie Keesmadde –

SCHMIDT. In Dem seiner Haut hett ich net stäcke mehje –

DATTERICH. Glaab's Ihne ohne geschworn. Awwer, basse-Se Acht, es sollt net so komme. Wie ich-der alleweil losdricke will, setzt sich der so e Schmaaßmick, so ahner von dene dicke, blaue Schmaaßert, graad uf mei Visier un butzt sich ganz bumadig die Fihß. Ich schittel – des Oos bleibt sitze; – mei Gäjesekendant kreischt: »schieße-Se doch, mein Herr, un zittern-Se net so!« – vastehn Se, er hat geglahbt, ich deht zittern, weil ich die Oose-mick erunner schittele wollt – »Ich zittre nie, Sie Dunnerwedda! es is nor e Schmaaßmick!« kreisch ich-em zu, un drick los – un dreff nix! *Faßt Schmidt bei'm Arm.* un dreff nix!!

SCHMIDT. Ja, so e Schmaaßert! – Mer sollt's net denke.

DATTERICH. Sie hawwe Glick, sagt' ich; der Schmaaßert wor Ihne ihr Schutzengel. Jetz hatt *er* widder de Schuß. Ich denk: adjeh Battie, un nemm mer vor, de Kerl gewiß net zu fehle, wann ich noch emol uf en feiern deht; dann, des wußt ich, bei dem Racker hengt des Läwe an eme Zwernsfadem – do knallt's un ich lei uf der Erd und hehr nor noch, wie mei Gäjemann sehgt: der hot de Krach ohne Dokder. Ich war ohmechtig, ewäck, wie dem Bappe sei Duus, un wie ich widder zu mer komme bin, hatt mer die Kuchel de vorderschte Backe ufgerisse un ich hab dahahm in meiner Stub geläje.

SCHMIDT. Is des davoh do näwe an Ihne ihrm Backebort?

DATTERICH. Des schreibt sich davoh her.

LISETTE *spöttisch.* Ich mähn, ich wehr dabei gewäse, wie-Se blessirt worn sinn.

DATTERICH. Sie, Engelche? Da hett ich gewiß mehr Glick gehatt.

LISETTE. Ohne Spaß. War'sch net selwigsmal, wie- Se den blatter-narwige Krickmann draus im Heefche zum Beste hawwe hawwe wolle, un er hat Ihne mit der Budell uf's Ohr gehaue?

DATTERICH. So schee-Se sinn, so voller Uhz stäcke Se. Awwer,
Liebche, mache-Se so kah Späß, der Herr da kennt am End
glahwe, es wehr so. Also weider –

SCHMIDT. Un Ihr Luwische?

DATTERICH. Ich hab siwwe Woche uf-em Sack geläje. Endlich
bei mei'm erschte Ausgang erfahr ich, daß ihr Vadda geschwind
die Geläjenheit benutzt hatt un hot se mit dem Baron koppelirn
losse. Sie wor'n uf sei Gihder in Holland: awwer es hot kah
Verteljahr gedauert, da hot ihr Vadda in die Zeidung setze lasse:
»Freinden und Verwandten zeige ich hiermit das frühe Hinschei-
den meiner Dochda Luwise, verehlichte Baronin Dings, an und
bitte um stille Beileidsbezeigungen.«

SCHMIDT. Die hot der Kummer um's Läwe gebracht.

DATTERICH. Nix annerscht. O ich Unglicklicher, dacht ich, un
seit dähre Zeit haw-ich mer vorgenommen leddig zu bleiwe.

SCHMIDT. Sie hawwe's gehalte. Lisettche, do leit unser Schullig-
keit.

DATTERICH *fährt in den Sack.* Des kann ich net zugewwe!

SCHMIDT. Sie nemme dem Herr nix ab.

DATTERICH. Lisettche, unnerstehn-Se sich und lasse-Se sich von
dem Herr – *Rasselt mit den Schlüsseln in der Tasche.*

LISETTE *spöttisch.* Ach, Herr Datterich, duhn-Se nor die Hand
aus-em Sack: ich wahß ja, wie die Akzje stehn.

SCHMIDT *zu Datterich.* Sie beleidige mich –

DATTERICH. No, wann des is, da wolle mer'sch gut sei lasse –
uf e annermol is die Reih an mir.

LISETTE *für sich.* Ja, wann die Kuh en Batze gilt.

DATTERICH *zu Schmidt.* Wo enaus zu's gehn-Se?

SCHMIDT. In die Schloßgaß.

DATTERICH. Da geh ich e Stick Wähks mit Ihne. No, Lisettche,
gäwwe-Se mer zum Abschied noch e Kußmeilche.

LISETTE *für sich.* Uf's Maul schmeiße will ich-der. *Laut.* Gehn-
Se nor fort.

DATTERICH *pathetisch.* Sie sähe mich net ehr widder, Sie Grau-
same, als bis –

LISETTE. No?

DATTERICH. Heit Awend, wann ich von Drahse hahm komm.
Beide ab.

Der Vorhang fällt.

Ende des ersten Bildes.

Zweites Bild

Erste Scene

Traisa. Wirthschaftslocal im Freien. Auf der einen Seite des Vordergrundes sitzt Dummbach, seine Frau und Tochter, auf der andern Bennelbächer und Spirwes.

DUMMBACH. Ich geh net gern an so Orde, wo mer kah Zeidung zu läse krikt.

MARIE. No Vaddache, wann mer hahm komme les ich selbst Ihne all vor.

DUMMBACH. Ich bin werlich gespannt uf die Franzose. Eh mer sich umguckt, hot mer se widda un werd-se so bald net los; dann des is so ihr Art, daß se de Krieg in annern Lender spiele.

FRAU DUMMBACH. Do kennt mer widda de ganze Daag am Hährd steh un kennt franzeesch Supp koche.

DUMMBACH. Allerdings. Iwwrigens haw' ich aach, wie ich äwe bemerk, die Beilag im Sack stäcke. *Zieht ein Zeitungsblatt hervor und liest.*

MARIE. Daß der Schmidt net komme is, wo er sich doch denke konnt, daß mer spazirn geh dehte.

DUMMBACH. Er werd bei de Gemahnderäth erum lahfe, daß se'n ohnemme.

SPIRWES *am andern Tisch.* Unsa guta Datterich bleibt aus. Wann er nor do wehr, do kennte mer doch e Spielche mache.

BENNELBÄCHER. Ich for mei Dahl spiel net mer mit em: ma kann nor bei em valihrn. Mit seine poor Batze, wo er in seim brodkrimmelige Sack hot, will er Ahm des Geld erausluppern: wie er gewinnt, do werd's vafresse un vasoffe, un Ahm sei Geld is aus dem Spiel. Valihrt er, do bleibt er'sch Ahm schullig un

19

'mer krikt nix, un iwwadem bemohkelt er, daß mer'm net genug uf die Finger gucke kann. Mich soll er lahfe losse.

SPIRWES. No, jeda Mensch hot sei Schwachheite.

DUMMBACH *zu seiner Frau.* Do driwwe sitzt aach der bees Spirwes. Deht er mer mei Rechnung bezohle. *Spirwes sieht herüber.* Fellmich, Herr Spirwes! Aach erausgange bei dähre scheene Witterung?

SPIRWES. Ja, bei so schee Wedda muß mer sich eraus mache.

DUMMBACH *für sich.* Awwer wort, ich will-der des Geld noch aus de Rippe bringe!

SPIRWES *leise zu Bennelbächer.* Daß der Deiwel aach grood *den* Kerl herfihrn muß!

DUMMBACH *zu seiner Frau.* Do findt mer die beese Kunne. For'sch Werthshaus howwe-se Geld.

SPIRWES *zu Bennelbächer.* Do will mer sich e Vagnihje in der freie Nadur mache, un steeßt glei uf so en Liewe, der'sch Ahm nicht gennen duht.

FRAU DUMMBACH *zu ihrem Mann.* Ärjer dich nor net.

BENNELBÄCHER *zu Spirwes.* Schlage-Se sich-en aus dem Sinn, ich mahn, er mißt des Wohrte bei Ihne gelernt howwe.

Zweite Scene

Die Vorigen. Datterich, gleich darauf Schmidt.

DUMMBACH. Do kimmt noch Ahner von de siwwe Sihße; der hot noch gefehlt.

MARIE *ängstlich.* Ach Gottche, ma mahnt, der Schmidt wehr bei-em.

DUMMBACH. Es hot sei Richtigkeit – er is es.

FRAU DUMMBACH. E sauwer Gesellschaft, des muß ich soge.

DATTERICH *zu Spirwes und Bennelbächer.* Willkommen, meine Freinde!

SPIRWES. Mer howwe gemahnt, Sie kehmte net.

DATTERICH. E Deitscher helt sei Wort: wann's Mihlstah geräjent hett, wehr ich ohne Barbleh drunner hergange. *Nachlässig.* Wie is der Eppelwei? *Nimmt Bennelbächers Glas und trinkt.*

BENNELBÄCHER *nimmt ihm das Glas vom Mund.* Bleiwe-Se nor net aus!

DATTERICH. Die Brih hat so e ahgenehm Essigseire. *Zu Schmidt.* Was trinke mir dann, Freindche? *Indem er ihn vorstellt.* Sie sähe hier en neie Freind, de ohgehende Drehermeister Schmidt.

BENNELBÄCHER *zu Spirwes, leise.* Den werd-er gut auszukkele.

SCHMIDT *bemerkt jetzt erst die Dummbachische Familie, und geht zu ihr.* Ach, Sie sinn aach da? Wie steht's, Marieche?

MARIE. Recht gut, Kall. Warum bist-de dann net mit *uns* gange?

DUMMBACH. Mer hatte zu-der geschickt, du wor'st awwer net dahahm. Wie kimmst-de dann zu Dem, den wo de do bei-der host?

SCHMIDT *geheimnisvoll.* Des sag ich Ihne uf e annermol. *Leise zu Marien.* Er macht, daß ich recebirt wer.

MARIE. O geh, loß dich nix weiß mache: der macht- der kahn Somma un kahn Winda.

SCHMIDT. Do host-de de Vastehtermich net davoh. Ich wer wisse, was ich wahß.

DATTERICH *nähert sich, sehr artig.* Gehorschamer Diener, Herr Dummbach. *Deutet auf die daliegende Zeitung.* Es steht alleweil blitzwenig drin.

DUMMBACH. Doch, vazeihe Se, wer die Verhältnisse vasteht, wo äwe in Eiroba ihrn Umlahf howwe, der findt des Wichtigste in de geringste Nachrichte. Zum Exempel, wann do steht: der un der Ferscht macht e Raaß do un do hih, do raast er net for sei

Bläsihr wäje, sonnern des hot sei bolitische Naube. Vastehn Se? So is-es mit Allem.

DATTERICH. Was Sie awwer aach so genau unnerricht sinn!

DUMMBACH. So is-es mit Allem. Zum Beischbiel: Die Franzose vagrehßern sich uf Unkoste annerer unsivelisirder Nazione in Afrika, um de Russe de Wähk nooch dem Kaukasus obzuschnei-de. Allgemei hehrt ma von Iwwerschwemmunge; die Vikdoria hot dahfe losse, un, wann ich mich net err, die Gloria aach; ferner: Alles rist't; die Franzose hawwe Geil im Vogelsberg ge-kaaft, un der Kenig von Werdemberg schickt exbräß Leit nooch Persje, daß se Geil hole. Mahne Sie, all' diese Ereignisse wehrn so per Zufall?

DATTERICH *der sehr aufmerksam zugehört hat, zuckt die Achseln.* Ja, da leßt sich Manches driwwer redde.

DUMMBACH. Alleweil werd Bahris inwennig un auswennig mit Fordifikazione vazingelt, daß Kahns eninn un eraus kann – ich wahß net, wieviel Thern's ellah gäwwe – Dann – *Datterich ver-räth Zeichen der Ungeduld.* Dann – hehrn-Se mich aus. – Der Don Kallos sitzt in seim Frankreich un die Christine in ihrm Neapel; *Nimmt eine Prise.* in Erland sinn die Leit des ewig Ka-doffelfresse mihd, weil-en der O'Connell gesagt hat, es gehbt noch bessere Speise: die Schwäwelfrag mit Neapel is zwar so weit erleddigt –

DATTERICH *höflich unterbrechend.* Die Großzimmerer solle e Gesandschaft geschickt hawwe: sie hette dorch die Streichfeier-zeige schon so viel Schade, un wehrn rujenirt, wann aach noch der Schwäwel ufschlage deht.

DUMMBACH. Des is mer unbekannt. Allein in der Schweiz balge sich die Herner mit de Klaue erum; in Hannover is mer mit der Verfassung noch immer in unwilliger Beziehung; in Pordegal hat mer neuerdings Insurgente endeckt: – Wann mer nu Des all zusamme nimmt: – was halte *Sie* von der Sach?

DATTERICH. Schlimm, sehr schlimm, uf Ehr.

DUMMBACH. Während dem Des vorgeht, sitzt der Suldan in seim Diwan un lacht ins Feistche. Der baßt blos druf, bis sich ganz Eiroba an de Kepp hot: dann kimmt *er*. Mir erläwe's net, awwer sie wern sähe, daß ich recht hob: in fufzig Johr sinn mer all Derke!

DATTERICH. Der Deiwel, do derfe mer ja kahn Wei mehr drinke!

DUMMBACH. Wos halte-Se iwwrigens von der spannische Fraag?

DATTERICH. Ja, da wahß kah Staatsmann e gescheit Antwort druf.

DUMMBACH. Ich wahß es awwer: des werd noch gedahlt, wie Bole. Dann in Algier –

DATTERICH. Vazeihe Se, ich hab ebbes Nehdiges mit eme Herr dort zu redde – mer setze nachher des intressant Gespräch fort. *Datterich und Schmidt gehen an den andern Tisch.*

SPIRWES. Hot er Ihne de Sack voll Brofezeihunge gäwwe?

DATTERICH *setzt sich.* Ich hob satt. Awwer, meine Herrn, wolle mer net e Bisje in Wolfgang Reiters zwei un dreißigblätterige Gebetbuch blättern?

BENNELBÄCHER *kurz.* Ich spiel net.

DATTERICH. Korjos. No, da vertreiwe mer uns die Zeit mit unnerhaltende Reddensarte. Was gilt alleweil e Batzelaabche?

SPIRWES. Frooge Se, wos e Batzestrick kost, ich kaaf Ihne ahn.

BENNELBÄCHER. Sie wehrn e wohrer Zierrath for en Galje.

DATTERICH *mit einem Blick auf Schmidt.* Bscht! Menaschirn-Se sich, Freind!

BENNELBÄCHER. No, es wor gut gemahnt.

FRAU DUMMBACH *zu Marien.* Sie howwe schunt die zwaht Budell.

MARIE. Un der Schmidt hot-se alle bahd bezahlt.

DUMMBACH. Von dem Mensche muß er sich losse, obwohl er sehr verninftige Einsichte in der Bolidik hot, – sunst –

FRAU DUMMBACH. Do kann er sei poor Kreizer los wern.

DATTERICH. In Nirnberg werd iwwermorje e Selbstmerder gekeppt.

SPIRWES. Ja, dort sinn se schwernothsstreng.

DATTERICH *zu Bennelbächer.* Hawwe-Se aach Ebbes for des Hermannsmonement unnerschriwwe?

BENNELBÄCHER. Wann ich des Geld zu fresse hett! Mir setzt aach Kahner ahns, wann ich emol doht bin.

DATTERICH. Sie läwe im Gedächtniß von Ihre Freind, da braucht mer kah Monement.

SPIRWES. Warum will mer dann Dem *zwah* setze?

SCHMIDT. Wie so zwah?

SPIRWES. In Mainz steht je schon ahns; es wer doch Der, wo die Buschdawe erfunne hot?

DATTERICH. Nein, liewer Freind, des war e ganz Annerer: Der hat Deitschland befreit.

SPIRWES. Ganz wohl, des wisse mer aach, awwer er hot Blicher gehaaße, des wer der Maschall Vorwerts.

DATTERICH. Aach net. Der Hermann hat vor lange Zeite geläbt un hot die Remer abkamesolt.

BENNELBÄCHER. Ich will nix von dene Monemente wisse. Ich wor in Gernsem, wie se dem Scheffer do ahns gesetzt howwe: Gott, wann ich noch droh denk! Mer hot gemahnt, der Deiwel hett sein Sack mit Mensche ausgeleert gehatt: Alles wor-der Ihne sindedeier un for sei Geld hot mer net emol ebbes krije kenne. Mei Frah is mit Ahm Schuck hahmkumme un mir hat so e Rheiflejjel mei Peif aus dem Maul gestoßen daß se kabutt gange is. Ahmol bei eme Monement un net mehr.

SPIRWES. De howwe-Se ganz mei Reljon.

DATTERICH. Sie sinn mer scheene Padriote! Wann der Hermann net gewäse wehr, do hette die Remer Deitschland ganz unnerjocht.

SCHMIDT. Alleweil dehte mer vielleicht ladeinisch schwätze.

BENNELBÄCHER. Des wehr recht gut, do deht mer doch aach dene Advekate ihr ladeinische Brocke vasteh.

Dritte Scene

Die Vorigen. Zwei Spielleute, ein Geiger und ein Clarinettenbläser, treten auf.

SCHMIDT. Des is dem Paganini sei Bruda.

DATTERICH. Wos? Ei der kann's noch besser; dann der Paganini geit blos uf *ahner* Seit, un *Der* uf *drei*.

SPIRWES. Ja, un gibt's doch wolfeler.

BENNELBÄCHER. Mer wollen-en en Grosche gäwwe, daß se uf-hehrn.

MARIE *zu ihren Eltern.* Horcht-er? sie spiele en Kerwewalzer, den how-ich uf der Bessunger Kerb vorm Johr mi'm Kall gedanzt.

FRAU DUMMBACH *zu ihrem Mann.* Er laut fast grood, wie der Straußisch Walzer, der uf unserer Hochzeit gespielt worn is.

DATTERICH *zu Schmidt.* Hawwe-Se kah klahne Grosche? Ich mehkt net wächsele lasse.

Schmidt gibt ihm den Groschen.

DATTERICH *zu den Spielleuten.* He! Bscht! Freind, mit Eierer Gei!

DER GEIGER *kommt näher.* Solle mer emol spiele: »in der Stadt Mainz war ein Soldat?«

DATTERICH. Ich wohlt, Ihr wehrt bei em. Da is e Grosche: wann-er gar net gespielt hett, hett-er sechs Kreizer krickt.

DER GEIGER *steckt den Groschen ein.* Sie vastehn kah Kunst.

DATTERICH. Gebt uns e sterker Drommelfell, dann vastehn mer-se ehr.

Der Geiger geht brummend an den andern Tisch.

DUMMBACH. Ihr hobt eier Sach recht gut gemacht. Da! *Gibt ihm Geld.* do dafor spielt-er uns noch de Lauderbacher.

Die Spielleute beginnen ihre Musik wieder.

DATTERICH. Trinke-Se schnell aus, meine Herrn, die Kerl geie un blose uns de Eppelwei noch sauerer. *Hält sich die Ohren zu.* Wann se ufhern, meine Herrn, sage se mersch, dann ich hab mei Ohrn net gestohle.

SPIRWES. Wos der Kerl an seiner Klanett kaut!

Datterich fängt an zu pfeifen.

DER GEIGER *tritt giftig auf ihn zu.* Uhze Sie sich mit annern Leit, wann-Se wos wisse wolle! Gucke- Se en annern Wähk, wann- Se unsa Spiel net hehrn wolle odder ich haag Ahm die Gei uf die Badderie, daß er des Zawwele krickt, Sie –

DATTERICH *kaltblütig zu den Andern.* Guckt emol de beleidigte Kinstlerstolz! *Zu dem Geiger.* Ich will Eich emol en Roth gäwwe: kinftig fihrt als Bahwoll nach un dahlt-se an die Zuherer aus, eh-Er mit Eierm Concert ohfangt, dann werd sich Kahner die Ohrn zuhalte, mei liewer Kratzmichel.

DER GEIGER. Sie sinn mer vieler zu schleecht –

DATTERICH. Geit Eich hahm und vaderbt des Wetta net!

SCHMIDT. Laßt Eier Grobheite un geht Eiern Wähk!

DATTERICH. Macht e Paus, Liewer, die hebt ich von Eich am Allerliebste.

DER GEIGER *boshaft.* Jetz grood net. *Er winkt seinem Begleiter und die Musik beginnt von Neuem; Datterich hält sich die Ohren zu; die Musikanten gehen spielend ab.*

DATTERICH *ruft ihnen nach.* Halt! Kommt iwwermorje zu mer, ich hab Meis in meiner Stub, Ihr sollt mer e halb Stunn musezirn, daß se kabutt gehn!

SPIRWES *zu Datterich*. Der hot Ihne emol de Krage erausgemocht.

BENNELBÄCHER. Ich hett mersch von so eme Bellmann net gefalle losse.

DATTERICH. Was wollt ich dann mit-em mache? So e Mensch is kah Gäjestand for mein Zorn: je mehr so Ahner um sich speit, desto mehr Spaß macht mer'sch. So wollt ich's grad hawwe.

DUMMBACH. Mer mahnt Wunner, wos der for e diffensil Gehehr hett. Der Mann hatt ganz Recht: ich loß mer aach mei Mettieh net stumpirn.

FRAU DUMMBACH. Es zickt owwer do, wie all nix guts. Mer wolle uns liewer in e Stubb setze.

MARIE. Ja, sonst howwe-Se morje widder en Backe, so dick.

DUMMBACH. Mer mahnt, ihr Weibsleit wehrt von merwe Daaig. No, so kummt! *Sie gehen ab.*

DATTERICH *zu Schmidt*. War des Diejenige, welche –

Schmidt nickt mit dem Kopfe.

DATTERICH. Net iwwel. Wann's Ihne Spaß macht, will ich Ihne emal morje e Mädche weise – es is e Bäsche von mer: da gucke-Se sich die Aage blind, un, wos des Best is, sie hat Majes un ihr Vadda sitzt im Gemahnderath.

BENNELBÄCHER. Herr Datterich, ich hab kah Geld mehr bei mer, wolle-Se mer gefelligst die nein un dreißig Kreizer gäwwe, wo-Se mer am vawichene Mondaag schullig gebliwwe sinn?

DATTERICH *stellt sich, als höre er es nicht*. Der alt Dummbach is werlich der greeßt Zeidungsna(rr), den mer zwische-m Rhei un Mai finne kann.

BENNELBÄCHER. Guck, do will des Oos nix hehrn!

DATTERICH. Meine Herrn, ich stimm davor, daß mer noch e Bisje uf's Dippels Hof geht, do is äwe e Bergsträßer, der sucht seines Gleichens, uf Ehr.

BENNELBÄCHER. Wann ich mit soll geh, de gäwwe-Se mer die bewußte nein un dreißig Kreizer.

DATTERICH. Des hätt ich vagesse. No komme-Se nor, uf dem Dippelshof solle Se's hawwe – *Zu Schmidt.* Sie gehn doch aach mit uns?

SCHMIDT. No ja; eigentlich sollt ich mich e Bisje mehr um de Herr Dummbach bekimmern, er hot gern, wann ich-en e Bisje unnerhalt.

DATTERICH. Wann-Se e Zeidung wehrn, hett-er Ihne noch liewer.

SPIRWES. Worum soll dann net do gebliwwe wern?

DATTERICH *deutet hinter die Coulissen.* Dort gucke-Se! Kenne-Se Den?

SPIRWES *steht schnell auf.* Der Deiwel, des is jo der grob Bengler. Alleh, meine Herrn, dem mag ich net in die Kralle falle.

DATTERICH. Haw-ich's net gesagt? Der kennt Ahm die Seel aus dem Leib reiße un mit Fihße druf erum drähte, so en Gift hat er, wann mer emal e Rechnung e halb Johr lenger steh leßt. Wos e Glick, daß er uns net kennt, dann es is e schähler Giwick.

SPIRWES. Ja, Gottlob, uf zwanzig Schritt kann er en Mensche net von eme Schaaf unnerscheide.

DATTERICH. Es gibt Mensche, bei dene kann ich aach de Unnerschied net finne, un wann ich an ihrer Seit geh. *Er geht an Spirwes Seite nebst den übrigen ab.*

Der Vorhang fällt.

Ende des zweiten Bildes.

28

Drittes Bild

Erste Scene

Morgens. Datterichs Dachstube. Die Geräthschaften bestehen in einem zerbrochenen Spiegel, ditto Tisch, einem Stuhl und Bett. Datterich sitzt in einem zerrissenen Schlafrock vor dem leeren Tische und gähnt. Es schlägt neun Uhr.

DATTERICH. Ja wohl, die Morgenstunde hat Gold im Munde, absonnerlich, wann mer se vaschläft. In der Klaß bin ich gelernt worn: aurora musis amica, des haaßt uf Deitsch: Morjends schläft mer am Beste. Ach, mei schenste Stunde wohrn in der Klaß die, wo ich geschwenzt hob! Do kimmt mer awwer immer gäje nein Uhr die Sonn grood uf mei Bett un stehrt mich in meiner Nachtruh, un wann die's net is, do sinn's annern Leit. *Nochmals gähnend.* Wie werd mer sich dann heit dorchschlage? *Es klopft an.* Aha, die Morjendvisite gehn schon widder oh. Herein!

Zweite Scene

Datterich, Schneider Steifschächter.

STEIFSCHÄCHTER. Scheene gute Morje. Ich muß mich doch aach emol nooch Ihne ihrm Befinne erkundige.

DATTERICH *zuvorkommend.* Setze-Se sich, liewer Freind. *Für sich.* Der Mann muß heeflich dracdirt wern. *Laut.* Mei Befinne? daß Gott erbahrm! Schlecht, sag' ich Ihne, sehr schlecht. Alleweil die Minut haw-ich e Abdeekerrechnung bezahlt, finf un verzig Gulde, siwwen-en zwanzig Kreizer, da schmelzt Ahm sei Bisje

Baarschaft zusamme: des als fort Doktern, des hot was uf sich. Sie sinn doch recht gesund? des Aussähe bringt's mit sich. Was mache die Frau Gemahlin un die liewe Kinna? Alles noch wohl uf, hoffentlich.

STEIFSCHÄCHTER *seufzt*. Gottlob, soweit is noch Alles gesund; kost Ahm viel Mih, soviel Drawante die Meiler zu stoppe – ich wohlt deßwäje –

DATTERICH. Ach deß muß Ihne Spaß mache! E brav Frah, wohlgezogene Kinna, e gut Geschäft –

STEIFSCHÄCHTER. Ja, wann die Zeite net so schlecht wehrn. Des kost alleweil e Hitz, bis mer sei Geld eitreibt.

DATTERICH. Ich glahb's gern, ich wahß ja, wie mir'sch mit meine Ausstende geht. Hawwe-Se die gästrig Zeidung geläse?

STEIFSCHÄCHTER. Nah. Ich wollt Ihne nu bitte –

DATTERICH. Ach, die hette-Se läse misse! Von dähre derkische Flott –

STEIFSCHÄCHTER. Ich kimmer mich wenig um des, wos ausserhalb vorgeht. Sie erlauwe – die Ostermeß is vor der Dihr –

DATTERICH. Ja, sie muß bald ohfange. Un wos wannert widder e Menschespiel nach Amerika aus!

STEIFSCHÄCHTER. Ich hett aach Lust, awwer die viele Rickstende! bis mer die erbeischafft! Sie wern's net ungihtig nemme –

DATTERICH. Folge-Se meim Rath! Bleiwe-Se im Land: e Handwerk hot hier zu Land als noch sein golderne Boddem.

STEIFSCHÄCHTER. En scheene. Ich hab Ihne da die olt Rechnung.

DATTERICH *nimmt sie*. Scheen. Ich schick's Ihne.

STEIFSCHÄCHTER. Kennt ich's dann net glei mitnemme? Ich hob wos zu bezohle –

DATTERICH. Ach, e Mann, wie Sie, werd doch net so ufgebrennt sei. Daß ich aach vohrt do des Geld in die Abbedeek schicke muß! Bis Samstag Morjend hawwe Se's.

STEIFSCHÄCHTER. Ja, Sie hawwe mich awwer schun so oft vadreest.

DATTERICH. Ich wer Ihne aach noch dreeste. Sie sinn e eisichtsvoller Mann, nor e Bisje Geduld. Uf dem Knie leßt sich so ebbes net abbreche. Bezahle, wann mer Geld hat, des is kah Kunst: awwer bezahle, wann mer kahns hat, des is e Kunst, liewer Mann, un die muß ich erscht noch lerne.

STEIFSCHÄCHTER *steht seufzend auf.* Also bis Samstag gewiß?

DATTERICH. E Mann e Wort.

STEIFSCHÄCHTER. No, do soog ich Adjeh. *Ab.*

DATTERICH. Adjeh, mein liewer Freind.

Dritte Scene

DATTERICH *allein.* Da lernt mer Menschekenntniß! Iwwrigens laß ich heit noch den Rijjel an der Dihr mache: for eich Quelgeister bin ich net dahahm. *Es klopft an.* Numero zwei. *Nimmt eine Prise.* Herein!

Vierte Scene

Datterich. Ein Wirthsjunge.

WIRTHSJUNGE. E Kumblement von meim Herr un Sie sollte doch endlich emol Des bezohle, ehr sollt ich net fortgeh.

DATTERICH. No, do setz dich. Die ahzigliche Reddensarte hett dei Herr sporn kenne: wieviel macht's?

WIRTHSJUNGE. Acht Gulde un siwwe Batze.

DATTERICH. Mehr net? *Greift in den Sack.* Mit Koborjer Grosche werd dei Herr aach zufridde sei –

WIRTHSJUNGE. Do sollt' ich schee ohkomme, wann ich-em die bringe deht; letzt hott er mich erscht driwwer geschendt, do hatt ich ahn ufgehenkt krickt.

DATTERICH. Duht mer lahd. Do soog deim Herr, mei Kaß bestind in lauter degradirte Koborjer Stiefgrosche, un mei Verhältnisse dehte mer net erlauwe, daß ich se unner ihrm Werth losschlage deht: mit neie Guldesticker kennt ich-em awwer vor der Hand net ufwarte. Dazumal, wie ich den Wei bei-em gedrunke hab, hawwe die Koborjer noch gegolte; da soll er also aach sein Wei um die Hälft erunner setze, sag-em dann ließ ich mer aach die Grosche zu sechs Heller gefalle. Adjeh!

WIRTHSJUNGE. Der werd e schee Gesicht mache. *Ab.*

Fünfte Scene

DATTERICH *allein.* Wann Kahns *mehr* an de Koborjer valohrn hat, als wie ich, do macht gewiß Kahner Bankrott. Mir zu Gefalle hette alle Ferschte von Eiroba ihr Minz erunner setze derfe, dann ich hatt nix, ich hob nix un wer nix hawwe. Geh emol her du ohrm Greschje! *Zieht einen Koburger aus der Tasche.* Gell dei Herr Vadda will nix von der wisse un die Zeit is der lang worn in dem Sack, wo de gor kah Kamerade hast? No, wort, Herzje, ich bring dich doch unner die Leit, du sollst e lustig Herrschaft krijje, ich geb dich de Musegande. *Er betrachtet den Groschen mit Rührung.* Dreest dich mit mir! Bei uns Mensche geht's grood so: wann mer unser Dienste gedah hawwe un mer sinn iwwerflissig, do degradirt mer uns aach, un mer gelte aach net mehr for voll, ausser im Werthshaus, un selbst do helt's manchmol schwer, bis mer's dazu bringt. *Nach einer Pause.* Was for en Dreester werd mer dann der Himmel heit schicke? Der Schmidt, – des is e guter Mensch, mit dem muß ich mich halte. Ich muß mich-em nothwennig mache: er muß sich in mei Bäsje verschamerirn, dann is mei Spiel gewunne, dann kann er mich net enbehrn, un so em Verliebte kimmts uf e Poor Flasche de Daak net ah. – Der Deiwel – do kimmt owwer Ahner der Drepp eruf gedappt, den kenn ich an seim Gang – – des is wahß Gott der unheeflich Bengler! Heiliger Bafanucius, steh mer bei! *Läuft umher.* Der Kerl is im Stand un haagt mich in meim eigene Kwatier – so Schuster sinn des Deiwels – Kah Rijjel – nix do! – Halt! – An eme Kranke werd er sich net vagreife! – *Er bindet sich schnell sein Schnupftuch um den Kopf und wirft sich auf's Bette. Es klopft mehrmals heftig an; er antwortet mit lautem Stöhnen.*

Sechste Scene

Datterich mit gebrochenen Augen, auf dem Bette liegend, Bengler.

BENGLER. Lickt die Eil noch uf der faule Haut! Gästert widder voll gewäse, he? Des Geld versoffe, statt mich zu bezohle?

DATTERICH *schlägt die Augen wieder auf.* Ach lieb Großmudda – sinn-Se widder do aus der Derkei?

BENGLER. Wos, Kerl? Sinn-Se noch voll? Ich will Ihne begroß-muddern! Mei Geld – odder – Sie wisse, wos ich Ihne gedärmt hob.

DATTERICH *breitet die Arme aus.* Komm' an mei Herz, Hulda! Was willst du, schwatzbärtiger Krieger? Willst du mir vabieten, auf dem Deppich der Nadur zu wandeln?

BENGLER. Er helt mich in seim Suff vor en Teroler, weil er von Debch schwätzt. Wort, Oos, ich will dich nichtern mache! *Er rüttelt ihn.* Geld will ich, odder Ihr Buckel soll mer'sch bezohle!

DATTERICH *mit einer durch das Rütteln abgesetzten Stimme.* Es lijje jetz Bi-i-i-ihrn – genug – hunne – wos for e Bech – wann

Ahns kehmt – Schiddel doch – des ohrm Be-em-che net – so!
Schorsch – du iwwer – dreibst's!

BENGLER *tritt verwundert zurück.* Er muß doch net voll sei.
Entwedder is er meschukke odder leit er im Fiewer.

DATTERICH *scheint zu sich zu kommen.* Dreier Freind, Alonso,
kannst-de mer zwah breißische Dahler lehne? *Schwach.* Du
willst mer die Auge zudricke?

BENGLER *wüthend.* Herr! – Nor net gestorwe, dann do kennt
ich aach mit zor Leicht: erscht bezohle-Se mich, dann kenne-Se
in Gottes Nohme mache, wos- Se wolle.

DATTERICH *vagirt wild mit den Armen.* Verräder, willst du dei-
nen Judassold? Nimm diesen Edelstein aus Persiens Krone!
Matt. Ha – ich sterbe!

BENGLER *in der Stube umherlaufend.* Do leit des Laster jetz un
is am Obflattern! Net genug, daß er im Läwe die Leit um ihr
Sach gebrocht hot: – er balwirt-se noch dorch sein Doht! –
Grimmig den Stock schwingend. Wos deht ich-en so gern haage,
awwer er spihrt doch nix mehr un es wehr aach net ganz
menschefreindlich. *Stürzt an's Bett.* Awwer wort, wer mer nor
widder gesund, do will ich der'sch weise! *Er ballt die Faust und
geht ab.*

DATTERICH *springt auf, schlägt einen Entrechat und dreht ihm
eine Nase.* Grob bist-de, awwer doch noch net gescheit genug!
Wie mich der Limmel hett schmeiße wolle, hett ich mich doht
gestellt, wie e Kläwwer, do wehr-er gewiß zurickgehuft.

Hett ich nor mei Stiewel von dem Ooseschuster: der werd aach
schon widderspenstig. Do stehn mei un sperrn die Meiler uf.
Es klopft an. Is dann heit der Deiwel ganz los? Awwer vor de
Annere fercht ich mich net. Entrez!

Siebente Scene

Datterich, Schmidt.

DATTERICH *mit offenen Armen.* Des is Recht! Wort gehalte! Wo komme-Se her?

SCHMIDT. Von dahahm. Ich wollt Ihne zu eme Spaziergang abhole, es is heit so schee draus.

DATTERICH. Glei Deierster, ich will mich nor e Bisje ohrappele. *Er kleidet sich an.* Stäckt Ihne des schee Mädche noch im Kopp? Wann-Se Ebbes an se auszurichte hawwe, ich besorg's Ihne.

SCHMIDT. Ach, do des Evche?

DATTERICH *indem er den Rand seines Hutes mit Tinte schwärzt.* Sie is ganz verna(rr)t in Ihne.

SCHMIDT. Losse-Se's emol vor der Hand sei; – ich hab driwwer nochgedocht – der Wei war mer e Bisje im Kopp –

DATTERICH. No, mer redt nor davoh. *Kommt an seine Stiefel; höchst verwundert.* Ei der Deiwel! jetz gucke-Se emol die schlechte Schuster! Vor verzeh Daag vorgeschuht: – varisse! ja un glahwe Se, ich kennt mei annern drei Poor krijje? Des sinn wohre Landlijjener, die Schuster! – Wos mach ich? – Ich kann net vor die Schwell.

SCHMIDT. Wisse-Se wos? Sie ziehe-se als eweil oh un gehn mit mer hahm, do gäww'-ich Ihne e Poor von meine, wann se Ihne basse.

DATTERICH. Ja die Schuhmacher, die howwe e Gewisse, des läßt sich ziehe wie Bech. *Zieht die Stiefel an.* E schee Fußwerk! Awwer so was schenirt en große Geist net. Komme-Se, Sie gehn uf meiner rechte Seit un bedecke mit christlicher Lieb mei Bleeße. Auf nach Sewillja! *Beide ab.*

Achte Scene

Stube in Dummbachs. Einige Tage nachher. Herr und Frau Dummbach, Marie.

DUMMBACH. Nor ruhig! Des Mädche soll kah Dummheite mache. Ich wor emol in meine Jugendzeite im Krumstädter Schbital, wo die viele Na(rr)n gehalte wern; do is mer aach e Mädche gewisse worn, die wor iwwergeschnappt, weil-er ihr Schatz undrei worn wor.

MARIE. E scheener Droost!

FRAU DUMMBACH. Ja, sie soll sich's net so zu Herze nemme. Aus dem Sinn! Du kimmst doch net unner'sch olt Eise. Er vadient's gor net, daß de dich so um en greemst. Do hot se sich gästert widder dick satt geflennt.

MARIE. Ich krein aach net mehr. Awwer do how-ich Ebbes vonem gehehrt, wann des wohr wehr – *Schwermüthig*. wann des wohr wehr –

DUMMBACH. Seit-er den Datterich an der Seit hot, is kah Stern, der leicht.

MARIE. Wann des wohr wehr – er deht dem Evche die Kur mache.

FRAU DUMMBACH. Es is dem Lumbekerl sei Bäsje.

MARIE. Ach Gott, ich kann's *als* noch net glahwe. Er is nor vafihrt von dem Mensche, den soll – Gott vazeih mer mei Sinde – wann mer'n nor von Dem abbringe kennt, Vadda.

DUMMBACH. Ich bekimmer' mich nix drum. Ich will mei Mädche Kahm an de Hals werfe, Basta! Gemorje! Die Zeidunge wern drowwe sei. *Ab.*

FRAU DUMMBACH. Do stehn die Tasse noch, spiel-se, ich will eweil des Flahsch beimache, es scheint mer widder so zech wie Hustledda. *Ab.*

Neunte Scene

MARIE *allein.* Ach, ich wohlt, ich wer doht! – Die Taß do hot jo en Sprung! *Betrachtet sie.* Die hot mer der Kall emol zum Bräsent gemacht – un jetz den Sprung, grood dorch die Lieb un Freindschaft: des baßt. *Sieht durch's Fenster.* Ach, do geht er jo! Un der Datterich hot-en am A(r)m; – wos der Kujon for e Poor varissene Stiewel ohhott, un der Kall scheemt sich net un geht mitem: sei Rock is voller Fissel, wo er sonst immer so brobher wor. Er guckt net emol eruf! – Des hot er sonst immer gedah! des Gewisse werd-en dricke. Da, jetz sinn se um die Eck: – Der fihrt-en gewiß in's Werthshaus! *Halb weinend.* Ach! *Sie spühlt wieder an den Tassen. Es zerbricht eine.* Die wehr vabroche! – Meintwäje, es is jo nor e Taß un spihrt nix: awwer Kall, Kall! *du* host mer mei Herz vabroche, des spihrt's!

Nach einigem Nachsinnen.

Ich bin werlich Kah von Dene, wo immer de Kopp voll Romane stäcke howwe: awwer der Kall hot mich uf der Seel: – verantworte kann er'sch net. Es is kah Kunst, so e ohrm Mädche ohzufihrn un se Zeit ihres Läwens elendig zu mache, awwer daß der Kall aach so wehr, des hett ich-em net zugedraut. Wie wor-er sonst! Es wor e Ausbund von Orndlichkeit; fleißig, sparsam, sauwer: – Stah un Bah how-ich uf-en gehalde. – Ach, un ich hob mich gedeischt!

Zehnte Scene

Marie, Evchen mit einem Korb.

EVCHEN. Gemorje, Marieche. Nor uf en Sprung! ich muß uf de Mack – ich hob-der wos zu vazehle.

MARIE *gespannt.* Gewiß vom Schmidt.

EVCHEN. Sei nor net so spitz! Ja, vom Schmidt. Er lahft mer uf Wähk un Stähk nooch, awwer ich will nix von-em wisse, ich will eier Glick net stehrn.

MARIE *in Thränen ausbrechend.* Ach, Evche, for mich is er doch valohrn!

EVCHEN *mitleidig.* Du Ohrmesje! – Do hot er mer den Brief dorch de Datterich geschickt; läs-en. *Gibt ihr den Brief.*

MARIE *liest ihn für sich.* Des hot noch gefehlt! *Sinkt auf einen Stuhl.*

EVCHEN. Sei nor gedroost! Es kann noch Alles gut wern.

MARIE *seufzt.* Ja, schee!

EVCHEN. Sich, der Datterich hot-en nor beschwätzt: ich mißt-en net kenne. Wos er vor Grinde dazu hot, wahß ich net. Es is leider Gottes e Vedda von mer. Ich wollt de Brief erscht gor net nemme.

MARIE. No, willst-de dann kumme?

EVCHEN. Gott soll mich bewahrn. Ich muß jetz fort: alleweil siehst-de, daß ich-der dein Schmidt net abspenstig mache will.

MARIE. No, bleib doch noch e Bisje.

EVCHEN. ich muß; sonst dreff ich die Griesemer net mehr, un vun de Hocke mag ich kah Zwiwwel, mer wolle heit Zwiwwel-supp esse. Valihr nor de Muth net! Gemorje, Marieche!

MARIE. Ach, den haw-ich valohrn! Gemorje, Evche. *Evchen ab.*

Eilfte Scene

MARIE *traurig, den Brief zerknitternd.* Bin ich net e recht dumm Ding! *Ich* sitz do un grehm mich, un *er* sitzt im Werthshaus und denkt: Die kann mich lahfe losse, un stutzt mit seim Datterich, wo der Kerl so verruffe is, wie des Koborjer Geld. Ich muß doch des sauwer Biljetche noch emol läse; vorhin sinn mer all die Buschdawe uf dem Babier erum gedanzt. *Sie liest.*

»Göttin meines Herzens!

Wenn die Hoffnung, Gnade vor Ihren Vergißmeinnichtaugen gefunden zu haben, mich nicht täuschte; – wenn Amors Pfeil, der mein Herz durchbohrte, auch Ihren Busen durchdrang; – wenn ich Ihre berauschenden Blicke recht verstanden habe: o, dann wäre das Glück von Millionen Elend gegen meine Seligkeit zu nennen!«

Wos verrickt Zeig!

»Wollen Sie diese Seligkeit krönen? O, so erscheinen Sie morgen Abend um acht Uhr an dem Teiche des Herrngartens, wo Philomele ihre Minnelieder seufzt: zu Ihren Füßen werde ich Ihnen dort meine Liebe stammeln. Ich bringe Ihren Herrn Vetter, meinen edeln Freund Datterich, mit.

Bis in den Tod der Ihrige,
Schmidt.«

Den hot der Kall net geschriwwe: so Sache bringt Der net uf. Den hot-em der Datterich gemacht, der ungehengt Dieb, des is so e Fedderfuchser. Er is grood wie sei beeser Geist, der-en zu alle Deiweleie perschwadirt: awwer ich bin gut davor, wann's e Hell gibt, der kimmt enei mit Strimp un Schuh: um mich hot er'sch vadient! *Ab.*

Der Vorhang fällt.

Ende des dritten Bildes.

Viertes Bild

Erste Scene

Wirthshaus, wie im ersten Bilde. Datterich u. Schmidt.

DATTERICH. Ich wahß net, ich hab heit schon de ganze Daag so en vasteckte Dorscht. *Trinkt.*

SCHMIDT *unruhig.* Un ich bin ganz zwazzelig. Wann nor die Marie nix gewahr werd.

DATTERICH. Die werfe-Se iwwer Bord, Freindche, die reicht dem Evche des Wasser net.

Schmidt geht unruhig auf und ab.

DATTERICH *setzt sich gravitätisch.* Ich will Ihne emol e Vorlesung halte, ich seh, es is bei Ihne nehdig, dann sonst komme-Se am End hih un die Liebeserklärung bleibt Ihne im Hals stecke. Es is so schon siwwen-Uhr. Also die Ohrn steif gehalte: Sie sinn's Evche un ich bin Sie. Jetz mache-Se emol e recht vascheemt Gesicht.

SCHMIDT. Wie wern dann die gemacht?

DATTERICH. Riwwele-Se sich die Backe, daß-Se en zahrte Ahflug von Jungfreilichkeit ervorzaubern; die Aage schlage-Se uf de Erdsboddem nidder, als dehte-Se die valohrn Herzensruh suche; des Maul pätze-Se zusamme un duhn's nor dann vunnanner, wann-Se en Seifzer losbrenne wolle, un mit der Hand zoppe-Se am Scherzbennel, odder, in Ermangelung, an de Vaddamerder.

SCHMIDT *ahmt Alles nach.* Is es so recht?

DATTERICH. Es bassirt: nor entferne-Se die link Hand aus dem Hosesack; die gehert uf's Herz, un wo meeglich noch e Bisje schwermihdig geschmunzelt: ja, awwer des Maul net so dabei

41

ufgerisse! Jetz nemm ich en Schluck, *Trinkt.* um mei nadihrliche Muth zu vadoppele, un dann fang ich mei Manehwer oh. *Nähert sich mit zierlichen Schritten.* Erscht kimmt e ohrmsdicker Seifzer *Seufzt.* der macht de Ahfang, un Sie seifze aach, awwer mehr piano.

SCHMIDT *seufzt.* Ach!

DATTERICH *chevaleresk.* Freilein, es gibt Fälle im menschliche Läwe, von dene man sich kei Rechenschaft gäwwe kann: – des is so einer.

SCHMIDT. Meine-Se?

DATTERICH. O Sie Huldreiche, ich meine es! Awwer die Fligel meiner Phantasie sinn zu schwach, als daß ich Alles so von mer gäwwe kennt, wie ich's denk; deß vasich'r ich Sie.

Schmidt seufzt.

DATTERICH *zärtlich.* Sie seifzen?

SCHMIDT. Ja.

Datterich breitet zärtlich die Arme aus, Schmidt stürzt hinein.

DATTERICH. Bscht! Halt! Des wor zu hortig! *Sie* hawwe's gut vor – wann's des Evche aach so macht, will ich's lobe. Gemeiniglich sinn die Weibsleit erscht e Bisje absenat, da derf mer sich awwer net drah stoße. Kenne-Selbst de Faust?

SCHMIDT. Von der Ludwigsheh?

DATTERICH. Nein, von Geethe. Do leßt des Greetche mein Faust aach erscht obfahrn, wie er se uf der Gaß beglahte will, un hinnedrei is es doch ah Herrlichkeit. Halt, do kimmt des Lisettche! Jetz gäwwe- Se emol Owacht; nemme-Se sich e Muster an mir.

42

Zweite Scene

Die Vorigen. Lisette.

DATTERICH *eilt schwärmerisch auf sie zu.* Ach, holde Jungfrau, Stern meines Lebens!

LISETTE. Gell Sie sinn net recht bei Droost?

DATTERICH. Welcher Himmel in Ihren blauen Augen!

LISETTE. Sie mit Ihre graue Katzeaage, was wolle Sie dann?

DATTERICH. Sinn-Se daub gäje mein Flehen?

LISETTE. Spohrn-Se nor Ihrn Othem un lasse-Se mich ungeschorn, sonst kann's noch Ebbes absetze.

DATTERICH *zu Schmidt.* Sähe-Se, mit dähre wehr Hoppe un Malz valohrn: ich glahb, wo annern Leit ihr Herz hawwe, hat Die e Schoppebudellche. *Zu Lisetten.* Drage-Se emal Ihne ihr Scheenheit in de Keller, un wann-Se widder howwe sinn, da hawwe- Se e Flasch Ingelheimer in Ihrer Schwanehand, die trinke mer uf Ihne ihr Gesundheit.

LISETTE. Ich erleb's doch noch, daß-Se nach Krumstadt komme. *Ab.*

DATTERICH *nachrufend.* Ja, wann Sie mer de Kopp verrickt hawwe. *Zu Schmidt.* Die wo sich so stelle, sinn grood die Allerschlimmste. – Awwer was mache-Se vor e Bohnemche, wie e Katz, wann's dunnert? Muth, Liewer, Korahsch! Wann-Se noch e halb Budell im Leib hawwe, da schwätze-Se dem Deiwel e Ohr ewäck. Nor recht schlecht Zeik geschwätzt, des is e Hauptsach, wann mer bei de Weibsleit Glick mache will: um's Läwe net still geschwijje, sonst halte se Ahm for en Simbel. *Singt.* »Weg mit den Grillen und Sorgen etc.«

Lisette bringt Wein.

DATTERICH *einschenkend*. Da gucke-Se emal, wos Perle! Geht Ihne do des Herz net uf, wie e Kräbbel?

SCHMIDT. Wisse-Se was? Ich wohlt, ich hett den Brief gar net abgeschriwwe. Gott, die ohrm Marie kreint sich die Aage aus dem Kopp!

DATTERICH. Des wehr Schadd dafor. O breiße-Se sich glicklich, daß-Se die Dunsel los sinn; sie hat en zu stermische Karakter: die haagt emol ihrn Mann nach alle nei Neethe, des derfe-Se mer glahwe, un ich duh e gut Werk, dann ich rett Ihne vor de Schlee.

Schmidt schüttelt den Kopf.

DATTERICH. Trinke-Se, da komme-Se uf annern Gedanke.

SCHMIDT. Ich wohlt. *Trinkt sein Glas aus.*

DATTERICH. So is Recht, schlucke-Se des Ohdenke an die Marie do mit enunner.

SCHMIDT. Wann's nor so ging, wie bei der Eppelfrah.

DATTERICH. Mer wolle's schon hihbringe. Als geleimt, da capo! *Sie trinken.*

DATTERICH. Jetz noch Ahns! Schmolles!

SCHMIDT. Es gilt! *Sie trinken Schmolles.*

DATTERICH *drückt ihm die Hand*. Bleib mei Freind, ich haaß Datterich.

SCHMIDT. Bleib meiner aach, ich haaß Schmidt.

DATTERICH *ihn umarmend*. Wir sinn Freinde! Wie Bruda und Schwesta lass' uns an enanner henge! O Wonne, die in der *einen* Silbe: Freindschaft, lickt! Ich dausch mit kahm Kurferscht; Un: der Grinder deines Glicks zu wern – ich meegt kreine! *Schluchzt.* Ewig, ewig! *Wendet sich innig gerührt ab, trocknet mit der einen Hand die Augen und führt mit der andern das Glas zum Munde. Schmidt sieht treuherzig zu.*

DATTERICH. Die Feier unsersch Freindschaftsbundes derf uns jedoch net vaspähte. Rist dich zum Ufbruch: *mir* misse zuerscht uf dem Blatz sei.

SCHMIDT. Ach, liewer Freind, geh du for mich.

DATTERICH. Zeig' dich als Mann: for'sch Weiter laß *mich* sorje.

SCHMIDT. Gott steh mer bei! Es is mer grood zu Muth, wie wann ich als Bub als am Heerdwäg Eppel gestrenzt hob, un hob gemahnt, ich deht erwischt wern.

DATTERICH. Hier gilt's um kah Eppel un um kah Erwische. Die Lieb winkt Ihne – winkt-der, wollt ich sage. Vazeih!

SCHMIDT. Was for en Wähk gehn mer dann?

DATTERICH. Dorch's Galjevertel, da merkt uns Niemand. Komm, deierer Freind!

SCHMIDT *seufzend.* Ich wohlt, es wehr vabei! *Beide ab.*

Dritte Scene

LISETTE *allein.* Des is e Hauptspitzbub, der Datterich! Dem ohrme Schmidt zickt er noch de Rock aus un leßten lahfe.

BENGLER *stürmt herein.* Wor der Datterich äwe net do?

LISETTE. Sie misse jo widder'n gerennt sei.

BENGLER. Do wehr-em Gott gneedig gewäse! Ich hett-en in Kochsticker vahaage, de Hallunk! – E halb Scheppche! – Wos mich des Oos schon gebeezt hot! Von enanner reiße kennt ich-en wie en Heering un kennt-em sei vatribbelt Seel aus dem Leib roppe, Gott vazeih mer'sch!

LISETTE. Er is Ihne gewiß Geld schullig?

BENGLER. Seit Anno elf, wie der Deiwel e klahner Bub wor. Ich how-em gearweit, ich hob all mei Phandasie zamme genumme, daß-en gewiß kah Stiewel gedrickt hot: selwigs Mol how-ich-en noch net so gekennt. Des Oos bezohlt net, bezohlt net: – uf Ahmol geht er zu eme Annere un leßt sich sei Stiewel mache.

LISETTE. Er werd gedenkt howwe, Sie dehte-m nix mehr borje.

BENGLER. E Breedche! – Ich lahf un lahf: mahne- Se, ich hett mei Geld krijje kenne? Letzt how-ich zu-em gesogt: Kerl, wann's de mich noch lenger an der Noos erum fihrscht, haag ich dich, daß de des bitterbees Zelem krickst! Sie krijje's, hot er mer geantwort. Die vorig Woch kumm ich zu-em.

LISETTE *lacht.* Do wor er gewiß net zu Haus.

BENGLER. Ja wohl wor er do! Ich hatt de feste Vorsatz, ich wollt'en winnelwaaich dresche un dann wollt ich schennerees sei un wollt soge: alleweil sinn mer kitt! Ich klopp an die Diehr, mit mei'm spannische Rohr in der Hand: – kah Antwort. Ich geh enei: do leit er uf seim Bett un macht e poor Aage, als wie e gestoche Kalb.

LISETTE. Er werd voll gewäse sei.

BENGLER. Die Vamuthung hatt ich erscht aach, owwer do fengt er oh, Zeik zu schwätze, daß ich net annerscht geglahbt hob, als: alleweil hot er des Lahd.

LISETTE *lacht.* Ach, des is e Oos!

BENGLER. An eine dohtkranke Mensche wollt' ich mich net vagreife, dann wie leicht hett er mer unner de Hend obflattern kenne, un do hett ich-en for gut bezohle misse. Also ich fort!

LISETTE. Der hot Ihne schee ohgeschmiert!

BENGLER. Worte-Se nor, ich quittir-em noch mei Guthawwe uf sein Buckel. Heit Middaak seh ich-en frisch un gesund iwwer die Gaß lahfe: ich hortig eme Danzmahster sei Kalosche ewäckgeworfe, an dene ich groad geriestert hob, in mei Rock geschluppt un do her: – dann ich wahß, des is sei Spielhaus.

LISETTE. E klei Bisje hette-Se friher komme solle; is Ihne der Herr Schmidt begäjent?

BENGLER. Ja.

LISETTE *lachend.* Do is er hinne enaus, wie er Ihne gespihrt hat.

BENGLER. Der Duft muß-en dricke. Wann kimmt er dann als her?

LISETTE. Mer is kahn Aageblick vor em sicher.

BENGLER *erbost.* Gut, ich geh-em noch mehr zu Gefalle: er krickt sei Riß, un wann ich mein Lehrjung de ganze Dook do her an's Hausdohr Poste stelle muß. Adjehs. *Ab.*

Vierte Scene

Dämmerung. Gebüsch an dem Herrngartenteiche. Datterich und Schmidt.

DATTERICH. Es is mer ganz unhähmlich, – wann der Bengler nor im Himmel wehr.

SCHMIDT. Ich glahb net, daß er'sch gut mit-Der mahnt.

DATTERICH. Ich glahb aach net. Er hat emal die fix Idee un helt mich for sein Schuldner, un verfolgt mich mit ere Ahhenglichkeit, die mer manchmal lästig werd. Horch! Dort kimmt jemand! Ich glahb, es is se.

SCHMIDT *ängstlich.* Ach, sie werd doch net!

DATTERICH. For deßmal war se's net. – Was bin ich-der Ihne awwer hinner die Stalldihr geschossen wie ich den Bengler uf's Haus hob zustachese sähe mit seine Blattfihs: – e Gesicht hat er gemocht, wie e brillender Leeb, der mich ahrm Lemmche vaschlinge wollt: *Frohlockend.* awwer hast-de'n net gesähe?

SCHMIDT *erschrocken.* Alleweil kimmt se! *Will fort.*

DATTERICH *hält ihn.* Issi, sehkt der Spanjer. *Do* gebliwwe! Scheem dich doch! Ich' glahb, du gedraust dich net mit eme Stäcke bei e doht Hinkel zu geh. Sie beißt net un schmeißt net. Ich zieh mich jetzt e Bisje beseits; – mach dei Sach gut!

SCHMIDT *in größter Angst.* Der Dunner, so bleib doch do! *Verzweifelt.* Es geschieht mer ganz Recht – warum mach ich de

Schlechte am Marieche – der Oosedatterich! Was schwätz ich nor? Ach, do is se!

Fünfte Scene

Schmidt, Evchen, Datterich in einiger Entfernung.

EVCHEN *in einen Mantel gehüllt.* Hm. *Hustet.*

SCHMIDT *hustet gleichfalls und nähert sich schüchtern.* Genawend, Freilein.

EVCHEN *leise.* Genawend, Herr Schmidt.

SCHMIDT *hustet, für sich.* Wos soll ich nor schwätze? *Laut.* Wie is doch die Nadur im Allgemeine so schee!

EVCHEN. Gor schee.

SCHMIDT. Hehrn-Se die Nachdigalle peife? – seifze, wollt ich sage.

DATTERICH *im Hintergrund.* Ich hehr nix wie Fresch quaakse.

EVCHEN. Es is doch e wenig windig.

SCHMIDT. Ja, es is sehr windstill. *Pause. Schmidt sieht sich verlegen nach Datterich um.*

DATTERICH. Wos sich der Kerl so dreidrethig stellt! *Nähert sich und flüstert ihm zu:* Schwätz doch von deiner Lieb! *Zieht sich zurück.*

SCHMIDT. Wanns nor so Wedda bleibt. – – Wos die Blumme so stack riche – – *Für sich.* Ich lahf fort! *Laut.* Glauwe-Se auch, Freilein, daß es winschenswerth wehr, wann die Derke aus Eiroba vadriwwe wern dehte?

EVCHEN. Wie meine-Se?

SCHMIDT *schnell.* Freilein, ich will Ihne emal Ebbes sage: – ich lieb' Ihne. *Für sich.* Da, jetzt is es haus!

DATTERICH *im Hintergrund.* Bravo!

EVCHEN *seufzt.* Ich kann's net recht glahwe.

SCHMIDT *für sich.* Ich, wahß Gott, aach net! *Laut.* Sie kenne sich druf valasse.

EVCHEN. Wann-Se mir'sch nu mache, wie dem Marieche?

SCHMIDT *bestürzt.* Ja, des ahrm Marieche! – awwer ich bleib Ihne drei.

EVCHEN. Wie dem Marieche?

SCHMIDT *sich vergessend.* Ach schweie-Se mer still mit dem Marieche – ich bin e schendlicher Mensch!

EVCHEN *mit erhöhter Stimme.* Is Des Ihne ihr Ernst?

DATTERICH *für sich.* Ei so soll dich dann aach! *Tritt näher.* Bäsje, Sie derfe sich an sei Bleedigkeit net stoße: er is so, bis er Ihne emal neher kennt.

SCHMIDT *tritt bei Seite.* Ach Marieche, uf wos for Wäge bin ich geroothe!

DATTERICH *zu Evchen.* Gucke-Se, er is ganz ewäck; die Worte fehle'm, um sei Gefihle auszudricke. Sie mahne vielleicht, er deht noch an die Marie do denke?

EVCHEN. Ehr wie net.

DATTERICH. Da sollt mer'm en Vormund setze! Die dumm Genslies war nix for en.

Das vermeintliche Evchen gibt ihm eine Ohrfeige und tritt in's Helle: es ist Marie.

MARIE. Da host de dei Genslies, du Hahmducker!

DATTERICH *fährt zurück; höflich.* Ich bedanke mich.

SCHMIDT *stürzt auf Marien zu.* Marieche, lieb Marieche, du bist's?

MARIE. Ja, *ich* bin's un hab dich jetz kenne lerne!

Sie will gehen.

SCHMIDT *hält sie zurück.* Geh net *so* fort, eh's-de mer vagewwe hast!

MARIE *sucht sich loszumachen.* Worscht widder Worscht! Ich kann aach ohne dich läwe.

SCHMIDT *in Verzweiflung.* O hett ich *den* Kerl nie gesähe!

MARIE. Dort steht Ahner un riwwelt sich sein Backe: an den halt' dich: du host-em jo die ganz Zeit gefolgt. *Sie tritt auf Datterich zu.* Gell, Sie schlechter Mensch, Feindschafte kenne-Se stifte un kenne en Annern zu beese Sache vafihrn, wann er Ihne nor die Gorjel schwenkt?

DATTERICH *höchst erstaunt.* Da soll awwer doch Jedes! Der hat *mich ehr* vafihrt, als wie *ich ihn.*

SCHMIDT *stürzt auf ihn los.* Vafihrt host-de mich, Unheilskerl! Host-de was dagäje? Host-de mich net mit deine himmelscheene Vaspreche erumgezoge? Host-de mich net in alle Werthshäuser erumgeschleppt? Host-de mich net weis gemacht, die Marie hett's mit eme Annern?

MARIE *entrüstet.* Wos, Kalfakter, wie kannst-de dich Des unnerfange?

DATTERICH *mit Ruhe.* Ich merk, Freilein, Sie sinn mit der Zung äwe so hordig, als wie mit der Hand.

SCHMIDT *drohend.* O ich hett Lust un deht dich abziehe, daß de –

DATTERICH *kaltblütig.* Die Sticheleie wern sich vabäte.

SCHMIDT *zu Marien.* Sich, Marieche, vazeih mer nor deßmol: Der is an Allem schuld.

DATTERICH. Die Unschuld muß heidiges Daags viel leide. Iwwrigens erklehr ich Ihne hiermit, daß unser Schmolles ufgehowwe is. *Gesteigert.* Sie vadiene mei Freindschaft net, Sie Donnerwedda!

SCHMIDT. Nor net grob, sonst krijje-Se Ihr Feng, eh'-Se sich umgucke!

DATTERICH *pathetisch.* Wann ein Dippche voll is, brotzelt-s iwwer: alleweil haw-ich genug. Meine- Se, daß ich der Mann wehr, der sich so mir nix dir nix uf dem unschullige Buckel erum danze lasse deht, Sie? –

SCHMIDT. Der Bengler werd Ihne schon noch druf erum danze, wann ich's aach net bin.

MARIE. Ach, laß-en doch jetz geh'.

SCHMIDT. Komm, mer wolle'n mit seiner Schlechtigkeit ellah losse. *Will mit Marien gehn, Datterich tritt ihm in den Weg.*

DATTERICH. Halt, des geht so net! Sie hawwe mich greblich be-leidigt: des kann nor dorch Blut abgewesche wern: mir schieße uns!

MARIE. Ach, losse-Se sich mit der Belzkapp schieße!

SCHMIDT *entschlossen.* Ja, ich schieß mich mit-em!

MARIE. Ach bei Leibe net! Herr jeh, Kall –

SCHMIDT. Ich muß in deine Aage widder zu Ehrn kumme. Es is e Wort, mer schieße uns –

DATTERICH *für sich.* Er hat werklich Lust. *Laut.* Sie denke wohl net mehr an die Geschicht mit meim Bareenche? Deßmal setzt sich *kah* Schmaaßert uf mei Visier, wann-Se sich vielleicht dad-ruf valasse.

SCHMIDT. Selbst Schmaaßert! Jetz halte-Se Ihr Maul un sage-Se mer, wann's vor sich geht.

DATTERICH. Bis Freidaag Middaag um drei Uhr hinner de drei Brunne. Ich deht's glei uf Morje bestimme, awwer ich will Ihne doch Zeit lasse, Ihne ihr Testement zu mache.

SCHMIDT. Un Sie, bezahle-Se erscht noch Ihne ihr Schuldleit, sonst gibt's en zu lange Leichezuck. Kumm, Marieche.

DATTERICH *ruft ihnen nach.* Sekendante sinn iwwerflissig: for die Pistole wer ich sorge. *Schmidt und Marie ab.*

Sechste Scene

DATTERICH *allein.* Adjeh Mann, vageß de Stäcke net! – O ich Kawenett! Wann ich's bolitisch ohgefange hett, wie lang hett ich an Dem hawwe kenne! Ich wehr droostlos, wann ich die scheene Stiewel net an meine Fihs erblicke deht! Ihr werdet an ihnen vascheiden! Was hatt ich for lachende Aussichte in die Zukunft, wann Der mer noch ferner sei Freindschaft geschenkt hett! »Hier steh' ich, ein entlaubter Stamm!« Diese Person tritt iwwrigens mit einer Energie uf, wie man sie nicht selten trifft. – Awwer jetz muß sich mit Glanz erausgebisse wern. Hett ich mer nor mei Schnabbart steh gelasse, er hett mehr Reschbekt vor mer gehegt. *Reibt sich den Backen.* Des is e kuraschirt Weibsbild, was die for e Handschrift vafihrt! No, es is die erscht Batsch net, wo ich krick, es is e Vorbereitung uf de Bengler. Wann's kah Frauenzimmer gewäse wehr, hett se se widder mit Indresse zurickkrickt, awwer so muß mer'sch aus Galanderie eistecke. Dorchgefochte werd's! Entwedder sitz ich bis Freidaag Awend in Drahse odder – wo annerscht! *Will gehen.*

Siebente Scene

Datterich und Spirwes.

DATTERICH. Ei, mei Freind Spirwes! Hat Ihne aach die schee Nadur erausgelockt?

SPIRWES *mürrisch.* Wos geht mich die Nadur oh! Frisch Luft wollt ich scheppe – de ganze Daak gesotze un gekohrt un als dazu geleimt: der Kopp wor mer ganz dick. Wo hawwe Sie dann heit gestocke?

DATTERICH *geheimnisvoll.* Deiwelssache, sag-ich Ihne, sinn mer bassirt. Gucke-Se mich emal ah, Freind.

SPIRWES. Wofor?

DATTERICH. Gucke-Se mich emal ah!

SPIRWES. No, do säh ich wos Rechts!

DATTERICH *wichtig.* Sie sähe mich wahrscheinlich zum letzte Mal.

SPIRWES. Gell Sie wolle de Don Kallos widder eisetze helfe?

DATTERICH. Ich misch mich net in auswärdige Kempfe: ich mach ahn in unserm Land aus.

SPIRWES. Wos Deiwel?! Mit Wem?

DATTERICH *wichtig.* Er will net genennt sei: es is e Hocher.

SPIRWES. Der werd Ihne de Dorscht vadreiwe!

DATTERICH. Spaß abatt! Mer schieße uns iwwer'sch Sackduch, da bleibt Ahner uf dem Blatz.

SPIRWES. Ich mahn, Sie wehrn schon oft genunk uf dem Blatz gebliwwe, wann-Se net von Bolezeidiener fortgeschleppt worn wehrn.

DATTERICH. Sie hawwe gut redde. awwer ich, wo ich so zu sage mei Dohtehemd draag –

SPIRWES. Ich deht e Anneres ohziehe. Iwwrigens hot Ihne Ihr Doht doch en Nutze.

DATTERICH. Ja, for de Himmel.

SPIRWES. Nix! – for uns: ma kann dann en wollfelere Wei trinke, dann *der* schlehkt gewiß ab.

DATTERICH. Noch ah Wort! Sie kenne mer en Gefalle duh.

SPIRWES. Ich hab kah Geld bei mer.

DATTERICH. Ich wer aach kahns mehr brauche. Dreeste-Se mei Freind un Bekannte.

SPIRWES. De Bengler aach?

DATTERICH *mit Pathos.* Alle, dene ich im Läwe lieb un deier war.

SPIRWES. Es is zwor e Bisje viel zugemuth, dann do kann ich in alle Werthsheiser erumgeh, awwer ich wer mich schon for mei Geng enschädige.

DATTERICH. O Sie dreier Freind! Sie vadiene, daß ich Ihne dorch e lenger Läwensdauer beglicke kennt un Ihne net in der Blihde meiner Jahre dorch en grausamme Doht entrisse wern mißt! – Komme- Se, mer trinke Abschied! *Beide ab.*

Der Vorhang fällt.

Ende des vierten Bildes.

Fünftes Bild

Erste Scene

Freitag nachher. Stube in Dummbachs.

MARIE *allein.* Wort, Datterichelche, dich britsche mer! An kahn Bessere hett ich mich net wenne kenne. Der stäckt voller Piff un Flause noch von Gieße her. Wo er nor bleibt! Heit Middaag wolle- se sich schieße: es is dem Kall sei velliger Ernst. »Un wann er mich zammeschießt,« hot er gesogt, »do haw-ichs um dich vadient.« Ja, Kall, mei Vazeihung host-de, dann wann Ahns for sei Geliebte kumbawel is, in de Doht zu renne, do is er werth, daß mer'm vagibt.

Awwer so weit soll's net komme. Ich mehkt nor wisse, wos der Herr Vedda for en Blahn ausgeheckt hat; er sehkt's net, awwer ich setz mei ganz Zudraue uf en, dann er is dem Datterich spinnefeind. Wort, Mepsche, wer zuletzt lacht, lacht am Beste! Mein gute Kall sollst-de mer ungeroppt losse!

Zweite Scene

Marie, Fritz Knippelius.

MARIE *ihm entgegen eilend.* Ach, sinn-Se endlich da, Herr Vedda! Mit Schmerze haw-ich uf Ihne gebaßt!

KNIPPELIUS. Des is e wohr Kreiz mit eich junge Mäderger! Des soll all iwwer Hals un Kopp geh. Ich, als e junger Ehkrippel, sollt mich eigentlich gor net mit so Sache befasse, un wann's mei Bienche wißt, die deht mer die Ohrn voll flenne, odder ich krehkt mei Schlee.

MARIE. No, wie soll's dann jetz gemacht wern?

KNIPPELIUS. Nor Geduld. *Zieht einen Brief aus der Tasche.* Des is des Recept gäje Pulwer un Blei.

MARIE. Wos steht dann drin?

KNIPPELIUS. Daß die Neigierd e Haaptdugend von de Weibsleit wehr. Den Brief lehje-Se jetz an en Ort, wo er glei gefunne wern muß: des Iwwerig werd sich noochgehends finne.

MARIE. Ach, wos bin ich Ihne so oblischirt!

KNIPPELIUS. No, wos krie ich dann for mei Mih?

MARIE *lacht.* Ja, wos soll ich Ihne gäwwe? – Ich hab nix.

KNIPPELIUS. Her en Schmatz!

MARIE. Des sag ich awwer dem Bienche!

KNIPPELIUS. Die derf's wisse. Ich wer doch emol mei Bäsje kisse derfe! *Küßt sie und will gehen.* Adjeh!

MARIE. Sie lahfe ja gor hortig! Sie kenne gewiß net ohne Ihne ihr Frah sei.

KNIPPELIUS. Es is mer verrothe worn, in Gunnernhause wehr e Stemmche Hemmel, stootsmeeßig fett: do will ich noch heit Morjend hih, daß mer se net am Enn so e Dibborjer Judd vorm Maul ewäck schnappt. Jetz nor behutsam! Nix merke gelosse! Bis ich widder kumm em Uhre finf, sitzt der Datterich in Numero Sicher. Gemorje!

MARIE *läuft ihm nach.* Wahß dann der Kall Ebbes?

KNIPPELIUS. Gott bewohr! Ich how-en nor weiß gemacht, der Datterich ließ-em soge, er sollt sich erscht em vier Uhr an de drei Brunne eifinne, statt- em drei. Weider is nix nehdig. *Ab.*

Dritte Scene

Marie, gleich darauf Dummbach.

MARIE. Wos er nor im Sinn hot! Es geht doch nix iwwer en Studirte!

DUMMBACH. Mei, is der hessisch Hausfreind noch net do? Es soll gewiß widder so e geistreich Lehrgedicht drin steh. Wann ich nor wißt, wie der Mensch eigentlich haaßt: es is Alles, wos er schreibt, so akkerat, ma mahnt, es mißt's e rechda dorchdriwwener Advekat geschriwwe hawwe, wo viel Zeit zu so Sache hot. Nor varrahde sei Werke einigen Stolz mit Hochmuth un Eidelkeit vamischt.

MARIE. Ich glahb, er is in der Kich abgäwwe worn, ich will emol gucke. *Ab.*

DUMMBACH. Dapper dich! *Sieht ihr nach.* Wos steht mer aus! Der Schmidt hengt er doch nooch, ihr Backe sinn net mehr so roth, wie sonst, un sie macht drihwe Aage. No, ich kann's net ennern. Er wehr mer als Schwiejersohn net unrecht gewäse, wann er orndlich gebliwwe wehr, awwer en Werthshauslumb kann ich net brauche, un den gibt er, wann er'sch noch net is, kahn bessere Lehrmaster kennt er net hawwe, als den Flabch, obschon er ziemliche Eisichte in die Bolidik varreth.

MARIE *kommt zurück.* Ich hab Ihne ihr Zeidunge enuf in Ihne ihr Stubb gedraage.

DUMMBACH. Recht, mei Dochda. Geh emol her un geb mer e Hand. Guck mer emol ufrichtig in's Gesicht: hostde der'n aus dem Sinn geschafft, he?

MARIE *lacht.* Ja, Vadda, des geht net eso uf der Post.

DUMMBACH. Der muß extrapost aus deim Kopp.

MARIE. Ja, wann er sich nu awwer ennern deht?

DUMMBACH. Des sollt mich wunnern.

MARIE. No, wann er'sch nu awwer doch deht?

DUMMBACH. Do wehr-er als noch net recebirt.

MARIE. Des werd sieh aach noch gäwwe. De Datterich hot er abgedankt.

DUMMBACH. Des sollt mer lieb sei: obwohl's aach heifig vor-kimmt, daß mer abgedankte Minister un so Leit widder ervor-zickt. Der Schmidt hat awwer demohneracht Viel widder gut zu mache. *Ab.*

Vierte Scene

MARIE *allein.* Ach, der Vadda is gor gutche! – Herr Je! jetz muß er de Brief finne – ich haw-en grad uf die ewwerscht Staffel gelehkt. – Wann ich mich nor besser vastelle kennt: die merke mer'sch gewiß oh. Er kimmt werlich schon der Drepp erunner – wo haw-ich dann mei Strickzeig? *Sie setzt sich, strickt und trällert ein Liedchen.*

Fünfte Scene

Marie, Dummbach mit dem Brief.

DUMMBACH. Wie verlahft sich dann der Brief do owwe vor mei Stuwwediehr?

MARIE. Er werd gewiß widder von so eine Lodderiejudd sei.

DUMMBACH. Do hett-en doch der Briefdreejer wahß Gott net uf de Gang geschmisse. Die Adreß laut an mich. Eigentlich sollt mer do e Bisje Vorsicht gebrauche, dann in de Zeidunge liest mer efdersch, daß als bei so Brief e Exblusion erfolgt. *Er erbricht den Brief mit weggestreckten Händen und abgekehrtem Gesichte.* Is er uf?

MARIE *das Lachen verbergend.* Noch net ganz.

DUMMBACH. Jetz?

MARIE. Ja.

DUMMBACH. Bin begierig. *Setzt sich und liest. Seine Mienen nehmen den Ausdruck des höchsten Erstaunens an; aufspringend:* No, jetz sog ich awwer kah Wort mehr! Ich bin stumm! Läwe mer dann in der Derkei odder in eine sivelisirde Staat? Lahf un ruff dei Mudda!

MARIE. Wos is dann nor?

DUMMBACH. Lahf un ruff dei Mudda, soog ich!

Marie ab.

Muß dann der Sadann grood uf mich vafalle! Ahm sei Bisje Ahgeduhm net mer sicher, wo mer sich drum geblagt hot wie Hund! Wos e Nidderdracht von so eme Schandlappe!

Sechste Scene

Marie, Dummbach und seine Frau.

FRAU DUMMBACH *verdrießlich.* Wollt-er dann abselut vabrennzelte Wersching esse, daß-d'er mich grad alleweil aus der Kich rufft, wo ich des Mehl un die Zwiwwel droh geschitt hob?

DUMMBACH *alterirt.* Den loß du in Gottes Nome ohbrenne: hier schwätze mer von annern Sache, nemlich, daß des Haus net ohgebrennt werd!

FRAU DUMMBACH *ungeduldig.* Gewiß widder Ebbes aus der Zeidung, des mer ohhehrn muß: du hast mer ja vohrt erscht von de Derke vorgeläse. No, so eil dich.

DUMMBACH. Nix Zeidung! – Owacht! Den Brief finn ich drowwe uf der Drepp: ich will en vorläse, dann wern eich die Aage ufgeh mit Schrecke.[1] *Liest.*

»Herr Dummbach!

Das Schicksal, welches mich verfolgt, nöthigt mich zu einem Mittel, welches ich nur ungern ergreife. Sie, mein Herr, habe ich zu meinem Helfer ausersehen und wünsche nicht, daß Sie mich durch Verweigerung meiner Bitte auf das Äußerste bringen.

Ich habe fünfhundert Gulden dringend nöthig. Sie werden mir diese Summe längstens bis heute Mittag Punkt drei Uhr entrichten und zwar auf folgende Weise: Zwanzig Schritte hinter den drei Brunnen steht ein Buchbaum, an dessen Fuß sich ein rundlicher, ziemlich großer Stein befindet« – O hest-de den Stah im Maage, Dieb! – »unter denselben legen Sie gefälligst die fragliche Summe, von wo ich sie alsdann abholen werde.«

Die Finger misse Demjenige lohm wern, wo Des geschriwwe hot!

MARIE *bei Seite.* Gott, wos macht der Fritz!

FRAU DUMMBACH. Des is awwer aach e Zumuhdung!

DUMMBACH. Horch nor weider! *Liest.*

»Wenn um die bestimmte Stunde das Geld nicht da ist, so haben Sie es sich selbst zuzuschreiben, wenn ich Ihnen das Haus über dem Kopf anzünde.«

FRAU DUMMBACH *thut einen Schrei.* Um's Himmelswille net! Gäw-em des Geld! Wie haaßt er dann?

DUMMBACH. Ja, wann mer Des wißte!

---

1   Dieser, sowie der frühere Brief, muß einigermaßen mit Darmstädtischer Betonung gelesen werden. [Anmerkung der Erstausgabe]

FRAU DUMMBACH. Der Nohme muß doch drunner steh?

DUMMBACH. Der werd sich hihte. *Legt den Brief weg.* Nein, Des is gäje alles Velkerrecht! Die Marie do sieht aach ganz vageistert aus.

MARIE. Ach! *Für sich.* Der Fritz dreibt's aach zu weit.

DUMMBACH *resolvirt.* Jetz schwätzt. Von dene finfhunnert Gulde soll-em der Leib net schwelle, Des steht emol fest.

FRAU DUMMBACH. Wann er-der awwer nu des Haus ohsteckt? For finfhunnert Gulde will ich noch net vabrenne.

DUMMBACH. Vor was sinn mer dann in der Feiervasicherungsohstalt?

MARIE. Ja, awwer die Mehwel net un mer sinn aach in kahner Läwensvasicherung.

FRAU DUMMBACH. Ja, wann nu Ahns im Schlaf mit vabrenne deht, wo so in der Zastreiung net wach werd? Ich duh kah Aag mehr zu! *Dringend.* Lehk des Geld unner de Stah, un wann mer Kadoffel esse misse!

DUMMBACH *heftig.* Wos? So eine Mensche soll ich mei Geld in de Rache werfe, wo mit dem Laster des Mordbrennens behaft is? Ei, der kehmt noch efter un deht Ahm sei Blutkreizer obzappe! *Nach einer Pause.* Wißt-er wos? Alleweil fellt mer Ebbes ei: der Brief muß uf die Bolezei! Uf die Bolezei muß er!

FRAU DUMMBACH. No, un wie do?

DUMMBACH. Wie do? – Do vasteckele sich Bolezeidiener hinner de Behm in der Neh, un wann er dann kimmt un will des Geld hole –

FRAU DUMMBACH *naiv.* Do is kahns do.

DUMMBACH. Wos? Do krijje se'n am Schlawitch, de Galjevogel.

MARIE *für sich.* Der Fritz is e Oos!

DUMMBACH. Daß ich net glei de druf vafalle bin! Her de Brief! Der soll sich sei Noos widder stoße! *Eilt ab.*

FRAU DUMMBACH. Geb uf's Esse Achdung, Marieche, ich spring nor emol eniwwer zu meiner Schwesta. *Ab.*

Siebente Scene

MARIE *allein.* Des wehr glicklich iwwerstanne! Nor wollt ma die Vastellung net so recht von der Schipp: awwer ich muß es dem Kall zu Lieb. Ehr sich Der mit dem nixnutzige Kerl erum schießt – *Sieht durch's Fenster.* Ach do is er ja! Er kimmt eruf – um die Welt derf er nix merke.

Achte Scene

Marie und Schmidt.

SCHMIDT. Ich wollt-der Adjeh sage, Marieche.

MARIE. Ach, so schlimm werd's doch net kumme. Wor der Herr Knippelius bei-der?

SCHMIDT. Ja. Es sollt erscht um vier Uhr vor sich geh, hett der Datterich gesagt.

MARIE. Er werd Engste hawwe.

SCHMIDT. Da hot er net Unrecht, ich schieß-em en Flitch vom Leib, wann ich kann.

MARIE. No, wann er *dich* nu trifft?

SCHMIDT *zärtlich.* Da haw-ich's um dich vadient. Ich wohlt, ich kennt for dich stärwe!

MARIE. Geh mer ewäck! Wer werd dann an's Stärwe denke? Wos deht dann do aus mir wern?

SCHMIDT *wehmüthig.* Du dehst mit eme Annern glicklicher wern, als wie mit mir.

MARIE *für sich.* Ich will-en emol recht beetze. *Laut.* Wahßt-de was, Kall? Geh net an die drei Brunne.

62

SCHMIDT *bestimmt.* Den Wunsch kann ich der net erfille. Sich, un wann e Engelche vom Himmel kehm un deht mich fußfellig drum bitte: es deht nix draus wern.

MARIE. Worum host-de dann de ferchterliche Zorn uf de Datterich?

SCHMIDT. Deß kannst-de der doch leicht abklavirn. Wann *du* net letzthin im Herrngatte komme wehrscht: – in Gold sollt mer dich eifasse! Un wos die Drassem geknallt hot: wie de'm die gestoche host, do how-ich mei Unrecht erscht recht eigesähe; ich sähjen die Ohrfei! –

MARIE *gutmüthig.* Du hast eigentlich aach ah vadient.

SCHMIDT. Do is mei Backe: ich will net muckse.

MARIE *giebt ihm einen leichten Schlag.* Die host-de eweil uf Abschlag, die annern krickst-de noch. Do host-de aach eweil e Sternsknaup.

SCHMIDT. Guck, wann mich der Datterich noch lang so erum geschlahft hett, do wor ich-der e valohrner Mensch.

MARIE. Wie hot er'sch dann nor gemacht? Du bist awwer aach e rechder Hambel.

SCHMIDT. Des erscht wor, daß er mer sei Protection vasproche hot; do how-ich gedenkt: dem Mann mußt-de e Bisje zu Gefalle läwe, des is dem e Bakedell, uns glicklich zu mache. Do bin ich dann mit-em, un wann er als kah klah Geld bei sich hatt, do how-ich's for-en ausgelehkt un hob gedenkt: des krickst-de mit Indresse widder.

MARIE. O schreib's in Schornstah! No, wie hot er dich dann an's Evche gebracht?

SCHMIDT. Ach, schwei mer jetz davoh still! Du host jo gesähe, daß mer'sch kah Ernst wor.

MARIE. Ja, wer wahß! Wann ich des Evche gewäse wehr? –

SCHMIDT. Willst-de mer dann abselut mei Poor letzte Stunde vabittern?

MARIE. Dei Poor letzte Stunde? Geh, setz-der doch net so Sache in Kopp!

SCHMIDT *wehmüthig*. Ja, Marieche, es is net annerscht; ich hob so e Ahnung: er schießt Ahm e Sechskreizerstick aus dem Maul, wann's nor vertels ervorguckt; er hett schon emol beinah Ahn doht geschosse.

MARIE. Die wo Der doht geschosse hot, läwe all noch.

SCHMIDT. Die ganz Nacht hat mer'sch vom Datterich gedrahmt, un er hot als fort hehnisch gesagt: noch e Budell! Noch e Budell! Ich glahb, mer Wern uns net widdersähe. Es wehr so schee gewäse, wann mer uns krickt hette: awwer du sollst mei letzter Gedanke sei.

MARIE. Ach, Liewer, duh mer de Gefalle un schieß dich net!

SCHMIDT. Alles sunst, nor Des net: ich duh's un wann ich vadrähte wer. Un daß-de noch als emol an mich denkst, wann mer vielleicht schunt mit meine Knoche Niß ufkloppt: – da! *Giebt ihr ein Päckchen.* Leb' wohl! *Stürzt ab.*

Neunte Scene

Marie, hernach Dummbach.

MARIE *mitleidig*. Du ohrmer Deiwel! Er mahnt, es wehr Madeh am Letzte! Sei mehr undrei! Jetz host- de die Engste davor! Wann ich nor e Buffink sei kennt un kennt uf dem Bahm sitze, wann die Belezeidiener iwwer'n hersterze, ich deht mich ästig lache. *Dummbach kommt.*

MARIE *ihm entgegen.* No?

DUMMBACH. Alles in Richdigkeit. Jetz vor alle Dinge is mer gesagt worn: des Maul gehalde, – kahm Mensche Ebbes davoh gesagt, sunst peift er uns wos, daß er kimmt. Wo is dann die Mudda?

MARIE. Sie is uf en Sprung eniwwer zu der Dante.

DUMMBACH. Do howwe mer'sch jo! Die kann's net uf dem Herz behalte, sunst wehr-er der Herzbennel geblatzt. O Weibsleit!

Zehnte Scene

Vorige, Frau Dummbach.

FRAU DUMMBACH. Ach mei Schwesta wor ganz ausser sich! Die Welt deht alle Daak schlechter wern, hot se gesogt: sie will aach ausziehe, daß, wann's bei uns Feier gehbt –

DUMMBACH *ärgerlich.* Ja, daß se sich dann net des Hern vabrenne deht, wie du olt Weschfrah!

FRAU DUMMBACH. No, wos willst-de dann von mir?

DUMMBACH. Host-de dann net soviel Eisicht, daß, wann mer des Ding an die groß Glock hengt, daß der Kujon dann gewiß ewäck bleibt?

FRAU DUMMBACH. No, ich hob's jo nor meiner Schwesta gesogt.

DUMMBACH. Des is grood so gut, als wann-des hest ausschelle losse. Die setzt jetz ihrn Schwortemooge uf un werft ihrn Schanzelupp um un lahft vum Pontio bis zum Pilato un kreischt's aus: die nimmt kah viel Geld davor, daß se's net wißt. Duht mer awwer noch Ahns e Maul uf!

FRAU DUMMBACH. Nah, for Die bin ich gut, wann Die e Wertche ewäck sehkt –

Eilfte Scene

Die Vorigen, Evchen.

EVCHEN *hastig.* Gemorje! Is es dann wohr?

DUMMBACH. Wos dann?

EVCHEN. Es wehr heit Nacht Feier bei Ihne ohgelehkt worn.

DUMMBACH. Ei so soll dann aach! – Wer hot Ihne dann Des gesogt?

EVCHEN. Ei wie ich do äwe iwwer de Rittstah gange bin, is mer Ihne ihr Frah Schwesta begäjent un hot mer'sch erzehlt. Sie wor sich ganz außer Odem gange.

DUMMBACH *zu seiner Frau.* Sollt mer eich net all die Meiler zubabbe? O Weibsleit, eier Zunge sinn des Deiwels!

EVCHEN. Im Hollstall wehr'sch ohgange. Jetz hett's Ahner von dene Bäckerschjunge do näwe gesähe, wie er Welle hett hole wolle, do wehr als der Raach ganz dick in die Heeh –

DUMMBACH. Mer mahnt, Die wehr dabei gewäse.

FRAU DUMMBACH. So how-ich owwer doch net azehlt.

DUMMBACH. Loß die Klawatsch nor geh: bis iwwermorje sammelt se schun for uns in ihrer Schnuppdewacksduus als Obgebrennte! No, wei der, Evche.

EVCHEN. Un do hett-er en ganze Wisch Stroh aus Ihne ihrm Hollstall gezoge, wo schon ganz geglimmt hett. Ich bin zum Doht erschrocke.

DUMMBACH. Den Schrecke hette-Se spohrn kenne. Daß meiner Frah ihr Schwesta lickt, des is stadtkundig, un wann so Weibsvolk kah Neuigkeite wahß, do macht sich's selbst. Es is alles vastunke un valoge, des soge-Se de Leit.

FRAU DUMMBACH. Do sieht mer doch recht, wie mer unschullig in's Geschwätz kumme kann!

Der Vorhang fällt.

Ende des fünften Bildes.

Sechstes Bild

Erste Scene

Wirthshaus. Datterich, Spirwes, Lisette.

DATTERICH *zu Lisette, am Fenster.* Wos is dann des for e ohgehender Bechdraht, wo alsfort eruf guckt?

LISETTE *bei Seite.* Du werscht's schon gewah wern. *Laut.* Er werd sein Mahster aus eine Werthshaus hole solle un wahß net, aus welchem.

DATTERICH *hinausgehend.* Wos er erschrocke is, wie er mich äwe gesähe hat! *Ruft hinaus.* Geh hahm un soog deim Mahster, es wehr gut!

LISETTE *bei Seite.* Des werd er zu deim Lahdwäse duh.

DATTERICH. Alleweil lahft-er. Eil dich net so, Alter, der Knierieme lahft-der net fort, du kannst dein Buckel voll Schlee noch frih genug fasse!

LISETTE *für sich.* Du aach.

DATTERICH *wendet sich zu Spirwes.* Ja, liewer Freind, Des vasichr' ich Sie, wäje Ihne duht mer'sch am Lahdste, uf Ehr! Ich wahß, Sie weihe meim Ohdenke e Drehn.

SPIRWES. Fufzeh, wann's sei muß. Ich wahß schun jemand, des wo mer die Dohtesohnzeig ufsetzt: wann ich Dem gute Wort geb, do macht er se so schee, wie er se for sich selbst mache deht: wann's net wohr is, derfe-Se mich en Spitzbub haaße. Awwer wos brauche mer glei an's Schlimmst zu denke? Sie kenne'n jo aach treffe.

DATTERICH. Ich will-en schone. Wann er geschosse hat un ich bin noch am Läwe, da schieß ich in die Luft un sog: Sähe-Se, so rächt sich der Datterich! – un valihr mich großmithig in's Gebisch.

SPIRWES. Des deht ich net. Wer mir nooch dem Läwe sträbt, dem werd widder danooch gestrebt: haagst-de mein Judd, do haag ich dein aach. Gehn- Se heit nooch Drahse?

DATTERICH. Ich kann mich doch net doppelt mache?

SPIRWES. Ja so, ich bin ganz confus. No, bei jedem Schluck will ich an Ihne denke. Warum trinke-Se net?

DATTERICH. Ich hob kahn rechte Luste.

SPIRWES. Des haaßt uf Deitsch: kah Geld. Dann, daß Sie in kahn Meßigkeitsverein gedrähte sinn, des wahß ich zum Voraus. No, es kimmt mer aach net druf oh, weil's doch der Obschied is. Lisettche!

DATTERICH *zu Lisette.* Wos macht Ihne Ihr Schatz?

LISETTE. Bekimmern-Se sich doch net um ungelehkte Eier.

DATTERICH. Wisse-Se wos? Ich will Ihne ihr Schatz wern.

LISETTE. Liewer gar kahn. *Ab.*

SPIRWES. Die vabittert Ihne aach noch des Bisje Läwe mit ihre korze Redde.

DATTERICH. Sie mahnt's doch gut un leckt alle zeh Finger nach mer. *Datterich will sich eine Pfeife anzünden.*

SPIRWES. Mer mahnt, die Peif wehr vastoppt.

DATTERICH. Im Gäjedahl, sie hat kah Luft. *Legt sie weg.*

Lisette kommt mit Wein.

DATTERICH. Is Des von dem Faß, wo die schwatz Katz druf sitzt?

LISETTE. Sie kumme mer grood vor, als wann Se'n ohne schwatz Katz steh losse dehte.

DATTERICH *sieht durch's Fenster; für sich.* Der Deiwel!

SPIRWES. No, gehn-Se her. Mer wolle uf de Ohrme ihr Gesundheit trinke. Wohl bekumm's uns gehorschamst. *Trinkt. Der* Wei schleicht so sanft bei Ahm.

DATTERICH *stürzt ein Glas hinunter.* Es fellt mer do äwe Ebbes bei. Nemme-Se mer'sch net iwwel – es bressirt – Adjeh! *Eilt schnell ab.*

SPIRWES *ruft ihm nach.* Halt, Schimmel, sinn-Se narrig? *Schüttelt den Kopf.* Annerscht kann ich mer'sch net erklehrn, dann in seine vaniftige Zeide hot er sei Lebdaag kahn Droppe im Gloos gelosse.

LISETTE *lacht.* Ich wahß, worum er sich geflicht hot. Ach, horche-Se emal den Schbekdakel im Heefche! – Da muß ich gucke! *Ab.*

SPIRWES. Aach gut, do trink' ich mein Wei for mich, des is aach kah Landschade, un wos mer selbst genießt, schmeckt doch immer am Beste. *Setzt sich und blättert in der Zeitung.*

LISETTE *zurückkommend.* Ach, ich lach' mer en Buckel! Da draus – im Heefche – da hot der Schuhmacher Bengler mein Datterich un schmeißt-en ganz gottsträflich! Eile-Se sich, wann Se's noch sähe wolle – so en Kohl haw-ich noch net erläbt! – *Ab.*

SPIRWES *trinkt schnell aus.* Daß ich e Na(rr) wehr! Bei mir soll der Spaß net rebedirt wern. Alleweil geht's bei mir hinne enaus! *Nach einer andern Seite ab.*

Zweite Scene

LISETTE *kommt zurück; lachend.* Alleweil hot er sei Mackes! Des geschieht-em Recht for die siwwen- un verzig Kreizer, wo er mer in's Gesicht abgeleignt hat un ich hab-se aus meim Sack zulehje misse. Den Datterich un de Spirwes, die sollt mer zusamme in e Kanon lade; do duht Ahm die Wahl weh, wer von-en der Schlähchst is: die sinn so dorchdriwwe, die fange de Deiwel im freie Feld.

Dritte Scene

Lisette; Knerz und Bennelbächer im Gespräch.

KNERZ. Er frißt kah Schuhwichs, sag' ich Ihne, un beißt aach kah Ohweschrauwe ab, wann er sich noch so sehr stellt. Wann sich Der schießt, wie er iwwerahl mit seim beese Maul erzehle duht, do loß ich mich in sauerer Soos esse.

BENNELBÄCHER. Schadd, daß-Se net uf der Speiskatt stehn, es mißt e zohrt Breckelche gäwwe.

KNERZ. Ich wehr wenigstens ehnder zu genieße, als wie Ihne ihr schlähchte Witzer.

BENNELBÄCHER. Ich wohlt, ich hett mei nein un dreißig Kreizer von-em.

KNERZ *gleichgültig.* Hahge-Se'n. Lisett, mer trinke en Schoppe.

Lisette bringt den Wein und unterdrückt das Lachen.

BENNELBÄCHER *zu Lisette.* Wos is dann des for e Gegikkel?

KNERZ *zärtlich.* Wos lache-Se dann so, Märzvajehlche?

LISETTE. Ich wer doch noch lache derfe? *Für sich, im Weggehen.* Alter Schippekeenig!

BENNELBÄCHER *hat eine Zeitung ergriffen; wohlgefällig.* Sich emel, die Hamborjer!

KNERZ *trinkt.* Un, wos is mit Dehne?

BENNELBÄCHER. Sie oppenirn sich do recht hibsch gäje en Mißbrauch, der wo leider allzusehr um sich reißt: sie howwe nemlich de neienstannene Mäßigkeitsverein in seiner Geburt gehahge.

KNERZ. Uf-en, ich hett geholfe. Sie aach?

BENNELBÄCHER. Ich hett aach mei Iwwerzeigung aus alle Kräfte vafochte, ich will's net in Obredd stelle. Es daugt zu nix.

Alleweil brauche se aach in alle Ecke die Wasserkur: – wann's
als noch Ewwerstädter odder Mannheimer Wasser wehr –

KNERZ. Do kennt mer sich's ehnder gefalle losse. Ich glahb, hier
deht's aach kah Gut, wo schon die viele Morjendvareine bestehn
un sich schunt so lang eme gute Fortgang erfreie.

BENNELBÄCHER. Es gehbt Krawall.

Vierte Scene

Die Vorigen. Bengler.

BENGLER. Gehorschamer. – E halb Scheppche un e Breedche!

KNERZ. How' ich Ihne net äwe gesähe, wie mer erinn sinn?

BENGLER. Ja, ich hatt Ahm nor in der Geschwindigkeit e Rech-
nung quittirt. *Heimlich zu Lisette.* Sie howwe Nix gesähe –

LISETTE *lachend.* Ich wahß von gor Nix.

BENGLER. Un dem Mann, wo draus arweite duht, dem sein-Se
so gut un gäwwen-em en Schoppe uf mei Rechnung. *Holt er-
leichtert Athem und sieht sich mit zufriedenen Blicken um.*

BENNELBÄCHER *zu Knerz.* Ich hett net gedenkt, daß die Mainzer
so dienstferdige Leit wehrn.

KNERZ. Ja, Des kennt mer'n aach sunst, soviel ich wahß, net
grood noochsoge.

BENNELBÄCHER. No, howwe se net ihre Nochberschleit, do de
Biewricher, so un so viel Schiff voll Stah zu ihrm Hafe gefohrn
un wolle kahn Heller davor?

KNERZ. Ja so! No, sie howwe Recht: es geht Nix iwwer e gut
Nochberschaft. Die Biewricher wern sich aach net undankbor
finne losse.

BENGLER *trinkt aus und geht.* Ich winsch Ihne Gemorje, meine
Herrn.

BENNELBÄCHER. Sie eile jo merderlich.

BENGLER. Mei Geschäft, wo ich hatt, is soweit verricht. *Ab.*

KNERZ. Ja, ich geh aach.

BENNELBÄCHER. So mutterselig ellah will ich aach net do sitze. Ich geh mit. *Beide ab.*

Fünfte Scene

Verwandlung. In der Nähe der drei Brunnen. – Zwei Polizeidiener.

ERSTER. Bald bin ich des Wartens müde. Ich glaube gar nicht, daß jemand kommt.

ZWEITER. Schweig'! Da kommt Einer.

ERSTER. Es ist der Datterich.

ZWEITER. Fort, Der ist's eher wie nicht!

Sie eilen hinter das Gesträuch.

Sechste Scene

DATTERICH *etwas hinkend, sieht sich um.* Noch net da? – Autsch! ich glahb, mei Juddeknechelche is kabutt. Es is mer lieb, daß er noch net do is, ich kann mich doch erscht e Bisje sammele, dann wie mich der Bengler vorhin in der Arweit hatt, haw- ich doch net so recht driwwer nachdenke kenne. *Hinkt auf und ab.* Wann ich in ere Läwensvasicherungsohstalt wehr, da hette die Actionär gewiß Ehme krikt, wann-se unsern Dischbuth mit ohgesähe bette. Autsch! – da hat mer der Kerl noch emal so in die Kniekehl geschmisse, wie ich mich dorch's Dohr salvirt hab, ich hab gemahnt, ich mißt mich uf dem Dobch erum drehe. No, jetz sinn mer kitt – Doch net! wann ich's recht iwwerleg, so is der Vorthel ganz uf meiner Seit: *ich* hett eigentlich de

Bengler bezahle solle, un jetz hat *er* mich bezahlt, un des for gut – die Bescheinigung steht mit blauer Frakduhr uf meiner Rickseit. Awwer damit sinn mer noch net fertig, Benglerche, Liewes! Ich hab Zeige for die unsanft Behandlung, wo sich net gehehrt: die Lisett un de Holzmacher, die hawwe's gesähe: Schmerzegeld will ich hawwe un for mei beleidigt Ehr: du hahgst Kahn mehr, Werthgeschätzter!

Mei Schmidt bleibt lang. Es is schon halwer vier. Ich wer-em e recht vaächtlich Gesicht mache, mit einigem Wohlwolle va-brehmt. *Wirft sich in Positur, als hätte er ihn vor sich.* Sinn-Se doch endlich da? Bedrachte-Se noch emal die Gewechse un die iwwerig Naduhr um sich erum, vielleicht sähe-Se-se in wenig Minute aus eine hehere Gesichtspunkt. Sehen Sie, hier haw-ich die Pistole *Klopft auf die Rocktaschen.* es hannelt sich jetz hier um Sein odder Nichtsein!

Nach einer Pause.

Iwwer'sch Sackduch? daß mer am End des Pulwer die Atzel vabrenne deht, wo noch net emol bezahlt is?: Fufzeh Schritt aus enanner, da schadt Ahm de Pulwerdamp nix, un daß Ahm die Kuchele nix schadde, da dafor is gesorgt, dann ich hab-se hausgelasse. Wann er dann recht perplex is, dann werd der Edelmithig gespielt un gesagt: ich will Ihne de erschte Schuß abdrähte. Wie er schießt, werd mit der linke Hand geschlenkert, daß er mahnt, er hett mich gestreift: for e Blässur hat mer der Bengler gesorgt: dann schieß ich in die Luft, schmeiß die Pistol ewäck un fall-em um de Hals: er kann net widdersteh, er is mei, un de Vasehnungstrunk muß er in Drahse bezahle!
Ich seh awwer net ei(n), daß ich mich net e Bisje setz: der Stah dort is ja grad, als wehr er for mich hergelehkt. *Als er sich setzen will.* Mer mahnt, da wehrn Eemense, da muß mer emol reko-noscirn; als Bub hawwe mich die Eeser emal so schäckig gebissen

als wie e Forell. *Er kratzt mit dem Stock hinter dem Stein: in diesem Augenblick fallen die Polizeidiener über ihn her.*

Siebente Scene

Datterich. Die beiden Polizeidiener.

BEIDE. Sie sind Arrestant!

DATTERICH *erstaunt.* In welcher Beziehung?

ERSTER. In gar keiner. Nur mit gegangen!

DATTERICH *für sich.* Die wisse, wos mer vorhawwe: awwer aus mir solle se Nix bringe. *Laut.* Gell', ich bin en vabottene Wähk gange?

ZWEITER. Sie werden es selbst am Besten wissen.

DATTERICH. Ach, mir kenne uns jo, Liewer.

ZWEITER. Ja, man findet Sie zuweilen Nachts in der Gosse.

DATTERICH. Ich gehorch' dem Gesetz – *Wirft heimlich die Pistolen in's Gebüsch.* un steh zu Dienste. *Sie gehen ab.*

Achte Scene

Verwandlung. Stube in Dummbachs. Herr und Frau Dummbach. Marie.

DUMMBACH. Wos hot dann der jung Knippelius heit Morjend do gewollt? Ich how en dem Dohr erei geh sähe, wie ich grood an der belgische Grenz wor.

MARIE. Ei ob mer Flahsch breichte.

FRAU DUMMBACH. Wos host-de dann for e Stick bestellt?

MARIE. Ei vom Eckpilf.

FRAU DUMMBACH. Hest-de doch von meim Mann seim Kalbskopp genumme, wo er so gern ißt.

74

DUMMBACH. Wern se'n dann jetz howwe?

FRAU DUMMBACH. Wen dann?

DUMMBACH. Ei unsern brandmehßige Mensche. Ich wehr eigent-
lich neugierig, denselwe kenne zu lerne.

MARIE *für sich.* Ich kenn-en.

DUMMBACH. So e Mensch vadient kah Gnad. Awwer es is ganz
nadihrlich, daß so Sache vorfalle. Krijje se mich, denkt so Ahner,
do kumm ich in's Stockhaus, odder wie mer'sch jetz haaßt,
Arresthaus, un do how-ich frei Kost un Loschie. For wos henke
dann die Halseise am Roothhaus? Do gehbt's Forcht!

FRAU DUMMBACH. Werd dann morje Ebbes von dem Brand-
brief in der Zeidung steh?

DUMMBACH. Wos braucht Des noch in die Zeidung? Du host
dafor gesorgt, daß es die Leit wisse. Iwwrigens kimmt so Ebbes
aach net in effentliche Blätter, bloß Sache aus dem bolidische
Horezon, von de Besuche, wo sich die Podendate enanner ma-
che, odder wann e Räjescherm erjendwo steh gebliwwe is, odder
wann e Hauslehrer odder sunstig Dienerschaft gesucht werd.
Bei de Brandbrief herngäje herrscht der Gebrauch, daß mer-se
vadukkelt.

Neunte Scene

Die Vorigen. Knippelius.

KNIPPELIUS. Fellmich, Herr Unkel! *Heimlich zu Marien.* Sie
howwe'n am Bennel. *Laut.* Steht wos Neies in der Zeidung?

DUMMBACH. Do steht so Ebbes von dene Konstandenobelidani-
sche Bäcker.

FRAU DUMMBACH. Gibt's dann dort aach Bäcker?

DUMMBACH. Wose Froog!

FRAU DUMMBACH. Ich mahn doch, dort gehbt's kah Christe.

DUMMBACH. Als wann die Derke dort lauder Bisgewitt un Makrone fresse dehte. Wie dort Ahner zu leicht Brod vakaaft, werd er mi'm schullige Ohr an de Dohrposte genähjelt.

KNIPPELIUS. Wann Des hier aach so wehr, do deht mancher Bäcker Ohrring draage, wo-em die Bolezei des Ohrloch dazu gestoche hett.

MARIE. Wie gingt's awwer da erscht de Metzjer!

KNIPPELIUS. Mir gäwwe ehr en Knoche mehr, als daß mer zu leicht wieje dehte. *Zu Dummbach.* Wos ich Ihne schon lengst froge wollt, Herr Unkel! Ich hob mich letzt gestritte: is die Eisebahn e Nutze for Dammstadt odder net?

DUMMBACH. E bedeidender Nutze, ohne Froog. Nemme-Se nor, wieviel reise dann an Dammstadt vabei, die wo sonst ihr Lebdaag net vabeigerahst wehrn?

KNIPPELIUS. Wie werd's dann do de Blamahsche geh?

DUMMBACH. Die kumme nicht außer Dähtigkeit. Ohnedem sinn ihr Wäje manchmol orndliche Dampwäje, net in Beziehung uf ihr Schnelligkeit, sonnern in Bezuk uf de Knäller, wo als drin geraacht werd.

KNIPPELIUS. Gut gäwwe. Es wehr awwer doch emol Zeit, daß mer an der Eisebahn ohfange deht.

DUMMBACH. Mer denkt aach gäjewerdig sehr stack droh.

KNIPPELIUS. Wos werd's do als uf dem Chausseehaus so voll sei, dann do geht-se, glahw'-ich, unne dorch de Gadde; uf der ahne Seit die Herzer un uf der annern die Dampwäje: mer mahnt, mer wehr in Barihs. – Die Zepp solle jo widder ufkumme.

DUMMBACH. Daß ich net wißt. Un warum?

KNIPPELIUS. Wäje der Neujahrschnacht, daß mer die Kerl, wo Geschosse howwe un dorchbrenne wolle, besser an de Zepp erwische kann.

DUMMBACH. Aus diesem Gesichtspunkt wehr diese Moosregel, ob se gleich e Bisje stack an's Middelalter erinnert, zu rechtferdige, dann mir is selbst die Neujohrschnocht so e Frosch beinoh in's Gesicht gehippt. Iwwadeß haw-ich aach noch mein Zopp gedraage un er hot Ahm ganz gut zu Gesicht gestanne.

KNIPPELIUS. Ich hol mer als dann un wann mein Zopp im Werthshaus.

DUMMBACH. Net iwwel. Weil mer awwer grood von Zepp redde: die Hunnsteier soll jo uf drei Gulde gesetzt wern?

KNIPPELIUS. Außer bei de Metzjerschhund un Hund, wo Leit brauche.

DUMMBACH. Ich finn's net ohgemässe. Mer sehkt freilich, es gehbt zu viel Hund: wos gibt's owwer erscht e Meng Dieb un sunst schlecht Zeik –: warum lehkt mer uf *die* kah Steier? Ferner: warum muß so e Luxusgaul kah Steier bezahle, un so e ohrm Hundelche, wo villeicht eine ohrme Deiwel sei ahnzig Läwensglick is, un wo er sich die finf-en verzig Kreizer un des Esse davor am Maul obzwackt?

KNIPPELIUS. Es is owwer wäje der Dollheit. Ich hob selbst emol –

DUMMBACH. Katze wern aach doll un vafihrn aach sunst Nachts uf de Dächer en Schbekdakel, daß Kahns schlofe kann, un mit Geil sinn schort mehr Leit iwwerfohrn un iwwerritte un umgeworfe worn, als Leit von dolle Hund sei Lebdaag gebisse wern.

FRAU DUMMBACH *zu Knippelius.* Wisse-Se's dann schunt?

KNIPPELIUS. Wosdann?

FRAU DUMMBACH. Es is e Brandbrief bei uns gelehkt worn.

DUMMBACH *ärgerlich.* Wann die nor emol schweie kennt!

KNIPPELIUS. Kah Wort! Des werd äwe ganz ihblich.

FRAU DUMMBACH. Mer hawwe awwer glei die Bolezei davoh diwerdirt.

KNIPPELIUS. Do kenne-Se ruhig schloofe, die krijje'n. Heit howwe se erscht widder Ahn in Numero Sicher gebracht.

ALLE. Wen dann?

KNIPPELIUS. Ich hatt e Geschäft uf der Bolezei. Wie ich-der eneikumm, sitzt-der mei Herr Datterich uf der Britsch un zoppt an seine Vaddamerder: – un e Physionomie hot er Ihne dazu gemocht, die wor-der Ihne so dorschtig!

DUMMBACH. Sollt Der dann am Enn –

KNIPPELIUS. De Brief gelehkt hawwe? Gott bewahr! do dazu is er zu gescheit. Wohrscheinlich werd-er e Schlehjerei gehatt hawwe, dann wann er knill is, do krakeelt er mit Reddensarte un die Annern krakeele mit ihre Feist. Wann's uf mich ohkehm, deht er alle Daag sei Riß fasse.

MARIE. Gehn-Se, Herr Knippelius, wer werd dann so nachsichtig sei?

KNIPPELIUS. Ich hob's Ursach. In alle Werthsheiser hot er mich emol eigelappt, ich deht nix wie olte Kih schlachte. Un warum? Weil ich-em emol in aller Giht e Ohrfei ohgebotte hatt, wann er sei ungewesche Maul noch Ahmol gäje mich ufdeht. War der Schmidt heit noch net do?

FRAU DUMMBACH. Er kimmt net mehr.

DUMMBACH. Es wunnert mich, daß er net mit seim Freind uf dem Bihro sitzt. Recht schadd for den Mensche.

MARIE. Ach, er hat-en ja abgeschafft un will jetz hechstens Sonndaags emol in's Werthshaus geh.

KNIPPELIUS. Des wehr aach iwwerdriwwe. Eine Mann gehehrt sei Schoppe, wann er'n bezohle kann.

FRAU DUMMBACH. Awwer wann er'sch net kann, do soll er sich liewer des Maul uf en Stah stumpe. *Zu Marien.* Woher host-de dann Des erfohrn, wos de do äwe sehkst?

MARIE *verlegen.* Ei der Kall is mer begäjent, wie ich heit Morjend emol eniwwer –

DUMMBACH *entrüstet.* Un do bist *Du* im Stand un stellst dich mitte uf der Gaß zu em?

KNIPPELIUS *einfallend.* Mir is er aach ufgestoße mit eine ganze Pack Zeidunge, die wollt er Ihne nechstens bringe.

DUMMBACH. Wos worn's dann for?

KNIPPELIUS. Ich hob blos im Blick die Dorfzeidung gesähe; un dann noch e vollstennig Sammlung von dem Frankforter Schornal seit 1780 odder 90, ich wahß net genau.

DUMMBACH. Do sträw'-ich jo schon so lang danooch. Un mir wollt-er se bringe?

KNIPPELIUS. Es krehkt-se Niemand Annerscht; er wohlt-se nor erscht zum Buchbinner draage.

DUMMBACH. No, ich säh, der Mensch is doch noch net ganz valohrn. Freit mich.

KNIPPELIUS. Gott bewohr! Des hot aach noch Niemand gesogt. E jeder Mensch hot emol sein Rappel. Ich hob aach e Nachricht for-en.

MARIE. Ach wos dann?

KNIPPELIUS. Werd nix vazehlt, bis er do is. Ich schätz', er soll bald komme.

FRAU DUMMBACH. Ich glahb, do wern mer net lang zu worte brauche: es kimmt Ahns der Drepp eruf, des is er, ich kenn'-en an seim sanftmihdige Gang.

MARIE *schmeichelnd.* Ach, Vaddache, sein-Se doch gut gäjen-en!

DUMMBACH *gütig.* Schwei.

Zehnte Scene

Die Vorigen. Schmidt in großer Verlegenheit.

SCHMIDT. Ich hab' die Ehr – ich bin lang net da gewäse – awwer –

DUMMBACH. Awwer: – du hast anner Gesellschaft gehatt. Ich muß gesteh, es hot mich geschmerzt; es kennt mich net ärjer schmerze, wann der Rhei(n) ufgehehrt hett, der vaddalendische Strom zu sei, wo ich doch sonst als soog: sie sollen-en net hawwe, un eftersch de Wunsch geeißert hob, daß-en die Franzose liewer wie Hofmennische Droppe uf Zucker einemme sollte, als uf sonst e Weis.

MARIE *hängt sich an ihn.* Ach Vadda, Sie hawwe mer ja vasproche, Sie wollte orndlich sei.

SCHMIDT. Herr Dummbach – ich hob dumm Zeik gemacht – sähe-Se, ich war bei Ihne in der Lehr –

DUMMBACH *wohlgefällig.* Es freit mich, daß de dich noch erinnerscht.

FRAU DUMMBACH. Es hot seither allerlah Neiigkeite bei uns gäwwe. *Beschreibend.* Ich hatt en Schrecke, ach, Schmidt, ich sag-der! –

DUMMBACH. Sie kann net schweie!

KNIPPELIUS. Herr Unkel, vagesse-Se des Vorgefallene: ich geb' Ihne mei Cerevis druf, daß er blos aus Lieb zu dem beese Mädche do sich e Bisje vakaspert hat, weil er der Mahnung wor, der Datterich kennt-em zum Mahster vahelfe. Er braucht awwer kahn Datterich dazu, sonnern bleeslich des Geld for-en Feierahmer.

ALLE *außer Schmidt.* Net meeglich!

SCHMIDT. Ich glahb, ich drahm. Is es werlich wohr?

KNIPPELIUS. Ich hob's schon heit Morjend aus guter Quell gewißt un wollt nor abworte, bis gewisse Sache beseitigt wehrn.

Eilfte Scene

Die Vorigen. Datterich.

DATTERICH *macht nach allen Seiten Verbeugungen.* Sollt' mei Gäjewatt widder Vamuthe allenfalls unerwatt sei, so kann ich doch net zweifle, daß se hechst willkomme sei werd, indem ich so glicklich bin, eine Nachricht iwwerbringe zu kenne, die des Glick zweier mir sehr deierer Persone begrind't. *Sieht lächelnd Marie und Schmidt an, die vor Erstaunen starr und stumm sind.* Meiner Vawendung is es endlich gelunge –

KNIPPELIUS. Alleweil sag *ich:* net meeglich!

DATTERICH *ergreift Schmidt's Hand.* In diesem liewenswerdige Familjezerkel bring' ich-der mei uneigenitzigste Glickwinsch, liewer Schmidt. *Mit Biederkeit.* Sei still, ich valang kahn Dank; was ich duh konnt', haw' ich gedah, un hab's gern gedah: du bist recebirt. Ich gradelir'. *Allgemeines Staunen.*

DATTERICH *wendet sich zu Dummbach.* Ich muß nor winsche, sehr vaehrungswerdiger Herr Dummbach, daß sich die bolidische Wolke äwe so von Eiroba zerstreie ließe, als wie ich des beneidenswerthe Glick hatt, die Wolke des Grams von diesem liewende Paar zu vascheiche. Ich bitt' mer die Erlaubniß aus, Ihne von Zeit zu Zeit mei Ufwardung mache zu derfe, un mich von Ihne iwwer diejenige Adickel der Zeidung belehrn zu losse, die ich net begreife kann.

SCHMIDT *der Miene macht zu sprechen, wird von Knippelius und Marien daran verhindert.*

DUMMBACH *hustet.* Soll mer sehr – ich winscht –

DATTERICH *sehr höflich zu Knippelius.* Ihr fernere Freindschaft wern-Se mer gleichfalls net enziehe, Herr Knippelius. Ich war vohrt an eine Ort, da haw-ich zu meim greeßte Vagnihge gehehrt, daß Ihne ihr Flahsch des beßt in ganz Dammstadt is. Obwohl ich des schon friher gewißt hab, so hat mich's doch sehr erfreit, Ihne ihr Lob aach von Annern zu hehrn.

KNIPPELIUS. Des howwe-Se gewiß uf der Bolezei gehehrt.

DATTERICH *ohne aus der Fassung zu kommen.* Allerdings bin ich vohrt in Geschäfte dort gewäse, äwe wäje dene liewenswerdige charmante junge Brautleit hier, um die Sach zu beschleunige.

KNIPPELIUS. Ich mahn, ich hett Ihne in Gesellschaft von Bolezeidiener uf's Bihro geh sähe?

DATTERICH. Meeglich. Ich hatt mit dem Ahne Ebbes zu spreche.

KNIPPELIUS. Um Vagäbung, wann ich mich net sehr err, do howwe-Se aach uf der Britsch gesässe?

DATTERICH *unerschüttert*. Kann sei. Ich war von dem Eifer, meim Freind zu diene, un von eme Spaziergang – ich sag Ihne, e kestlich Wasser in dene drei Brunne! – dergestalt eschoffirt, daß ich mich e Bisje gesetzt hab, um mich auszuschnaufe. *Wendet sich wieder zu Schmidt.* Dir, liewer Schmidt, kann ich net Glick genug winsche. Heirathe, haaßt mer in die Lotterie gesetzt: Du host des groß Loos gewunne.

SCHMIDT *der die ganze Zeit über Zeichen von Ungeduld und Ärger von sich gab, entrüstet.* Wie kumme *mir* dann widder zu dem Du? Gehn-Se zu Ihne ihrm dicke Bennelbächer un zu Ihne ihrm derre Sperwes un duhze-Se-se, Sie schlechter denkender Mensch, un wann-Se kinftig nor *soge,* daß-Se mich jemals gekennt hette, do vaklag ich Ihne!

DATTERICH *verletzt*. Is Des die Stimme der Freindschaft? Belohnt mer en redliche Freind so?

KNIPPELIUS. Mache-Se, daß-Se fort kumme, es geht schon gäje Awend, un wann e Dieb bei Ihne eibricht, so misse-Se sich vorem scheeme.

DATTERICH *mit edlem Stolze.* Es macht Ihne keine Ehr, Herr Knippelius, iwwer ein vom Schicksal Verfolgte zu spotte, äwe so wenig, als der Umstand, daß-Se Ihr Stimm mit der von eine ungedreie Freind vereinige.

DUMMBACH *besonnen.* Ich muß leider aach e Wort eninschwätze; es is mei Schulligkeit. Soviel mir bekannt is, Herr Datterich,

82

genieße-Se in der hiesige Stadt un de umliegende Ortschafte net des best Renommeh, sonnern erfreie sich eines iwwele Ruf's.

DATTERICH *legt die Hand auf's Herz.* Ich bin besser, als mei Ruf, des vasichr' ich Sie.

DUMMBACH *fortfahrend.* Da ich nu viel uf en gute Nohme halt un aach kahn Wei odder sonstig Gedränk im Keller hob, so werd's Ihne wohl net sehr schwer falle, mich mei Zeidunge aach kinftig vor mich läse zu losse. *Macht einen Diener.*

DATTERICH *macht gleichfalls einen Diener.* Ganz nooch Ihne ihrm Beliewe.

FRAU DUMMBACH. Sein-Se doch aach so gut un schicke-Se dem Schmidt sei Stiewel widder, wo-Se ohhawwe; ich kenn-se an dem Riester, wo am linke is.

SCHMIDT. Ich will s'em schenke.

DATTERICH. Ich pfleg solche Geschenke nicht zu accebdirn un wer-se Ihne mit erschter Geläjenheit dorch mein Borsch zuricksende. Iwwrigens seh' ich, daß Undank der Welt Loh is; no, in meim amtliche Wirke is mer'sch jo net besser gange. Ich kann mich dreeste. Erlauwe-Se mer nor noch e poor Worte, dann will ich Ihne von meiner Gäjewatt befreie. *Zieht sich gegen die Thüre zurück.* Sie, Herr Schmidt – Freind kann un mag ich Ihne net mehr nenne – Sie, Herr Schmidt, Sie krijje von eine gewisse Jemand en anonyme Pandoffel zur Haussteier, um die Sanftmuth Ihrer zukinftige Frah Gemahlin zu bezeichne.

SCHMIDT *tritt entrüstet auf ihn zu.* Kerl, unnersteh' dich!

DATTERICH. Sie scheine zu vagesse, daß unser Schmolles ufgehowwe is, mein Herr.

KNIPPELIUS *hält Schmidt zurück.* Ruhig, loss'en, er hot Eselsfreiheit.

DATTERICH. Sehr vabunde, Herr Knippelius. Fohrn-Se nor gedroost fort, weibliches Rindvieh von ehrwerdigem Alter zu schlachte: an meiner Rekommandation soll's Ihne, uf Ehr, net fehle.

KNIPPELIUS. Sie wern noch froh sei, wann-Se olt Kihflahsch zu kaue hette.

DATTERICH. Kennt' der Fall sei: alsdann wer ich so frei sei un mich an Ihne wenne. Sie, Herr Dummbach, läse-Se Ihrer Frah nor recht aus de Zeidunge vor, dann Sie wern sonst so leicht Niemand finne, wo so ahfellig is un hehrt Ihne zu. Wann Sie so fortfahrn, so erläwe mer noch die Frahd, Ihne zum Mitglied der gelehrte Gesellschaft zu Hofheim ernennt zu sähe; ich gradelir' zum Voraus.

DUMMBACH. E unbescheidener Mensch!

FRAU DUMMBACH. Er soll sich sein Rock flicke, ich will-em e Klingel Zwern dazu gäwwe.

DATTERICH *verneigt sich*. Ich wer'sch mit Dank ohnemme. Wos *Sie* nu betrifft, Freilein Dummbach, so nemm' ich mer die Freiheit –

SCHMIDT *springt hervor*. Ja, duhst-de des Maul uf!

DATTERICH *fortfahrend*. So nemm' ich mer die Freiheit –

SCHMIDT. Nemme-Se mer'sch net iwwel, Herr Dummbach – *Faßt Datterich*.

DUMMBACH *ruhig*. Ganz un gor net.

Datterich wird von Schmidt zur Thür hinausgeworfen.

KNIPPELIUS. Der is awwer enausgefloge, wie e Schatte.

Zwölfte Scene

Die Vorigen, ohne Datterich.

DUMMBACH. Ich dank Gott, daß mer den Mensche los sinn. Liewer Schmidt, du host so äwe de Beweis abgelehkt, daß der'sch

84

mit deiner Besserung Ernst is: ich hobder vagäwwe. In verzeh Daak mache mer Hochzeit, un wann's aach net so druf hergeht, wie wann e Brinzeß heirooth, so wolle mer uns doch frahe, wie die Ferschte. Seid glicklich minanner!

Die Personen gruppiren sich; das Brautpaar in der Mitte, die Ältern zu dessen Seite.

KNIPPELIUS. Schadd, daß *Ahns* beim Hochzeitsschmaus fehle muß.

DUMMBACH. Ich wißt net, Wer?

KNIPPELIUS. Der Datterich!

Der Vorhang fällt.

Ende.

Biographie

1815	*13. Januar:* Ernst Elias Niebergall wird als Sohn eines Musikers in Darmstadt geboren.
1827–1832	Er besucht das Gymnasium in Darmstadt.
ab 1832	Während des Theologiestudiums in Gießen lernt Niebergall in der Burschenschaft »Germania« Georg Büchner kennen.
1833	Nach dem Verbot und der Auflösung der »Germania« tritt er dem Corps »Palatia« bei.
1834	»Palatia« wird verboten.
1835	Während der folgenden Untersuchungszeit darf Niebergall kein Examen ablegen und arbeitet daher als Hauslehrer bei einem Forstmeister in Dieburg.
1836	Die Disziplinaruntersuchung endet mit einem Freispruch.
1836–1841	Er veröffentlicht elf Novellen in der »Didaskalia«-Beilage des »Frankfurter Journals«.
1837	Eine zweite Ermittlung wird eingestellt. Es erscheint »Des Burschen Heimkehr oder: Der tolle Hund«.
1839	Niebergall legt schließlich das Examen ab, jedoch ohne die Absicht, Pfarrer zu werden, .
1840	Er kommt nach Darmstadt, wo er Lehrer für Latein, Griechisch und Geschichte am Schmitzschen Knabeninstitut, einer Privatschule, wird.
1841	Die Tragikomödie »Datterich« wird zum ersten Mal unter dem Titel »Lokalposse des Darmstädter in sechs Bildern« veröffentlicht.
1843	*19. April:* Ernst Elias Niebergall stirbt in Darmstadt.